中国光华科技基金会公益支持

中国智慧能源产业发展报告（2015）

中国智慧能源产业技术创新战略联盟
国家发展和改革委员会能源研究所　编著
中关村国标节能低碳技术研究院

中国质检出版社
中国标准出版社

北　京

图书在版编目（CIP）数据

中国智慧能源产业发展报告 . 2015 / 中国智慧能源产业技术创新战略联盟，国家发展和改革委员会能源研究所，中关村国标节能低碳技术研究院编著. —北京：中国标准出版社，2015. 10

ISBN 978-7-5066-8076-9

Ⅰ. ①中… Ⅱ. ①中… ②国… ③中… Ⅲ. ①能源发展—产业发展—研究报告—中国—2015 Ⅳ. ①F426. 2

中国版本图书馆 CIP 数据核字（2015）第 232829 号

中国质检出版社
中国标准出版社 出版发行

北京市朝阳区和平里西街甲 2 号（100029）

北京市西城区三里河北街 16 号（100045）

网址：www. spc. net. cn

总编室：（010）68533533 发行中心：（010）51780238

读者服务部：（010）68523946

中国标准出版社秦皇岛印刷厂印刷

各地新华书店经销

*

开本 700×1000 B5 印张 14. 5 字数 192 千字

2015 年 10 月第一版 2015 年 10 月第一次印刷

*

定价：68.00 元

编委会

指导组

组长：王忠敏　周伏秋

成员：赵家荣　李　力　蒋兆理　李爱仙　林　翎　夏　鑫
刘　东　莫争春　陈　刚　易　明　陈　敏

编写组

组长：苗　韧　潘崇超

成员：吕秋生　于松泰　陈润泽　龚向敏　王　磊　肖雅博
葛怀畅　商　铁　潘柏林

序言

金秋十月，《中国智慧能源产业发展报告（2015）》如约而至了。今年的报告与去年相比有三个显著特点：一是国家发展和改革委员会能源研究所加入了研究和编写，提升了报告的权威性和影响力；二是增加了能源互联网的新内容，推动智慧能源产业创新有了新发展；三是智慧能源得到了国务院的正式确认，被纳入《“互联网+”行动指导意见》。这三个特点足已显示出智慧能源产业创新的勃勃生机和强大活力。尤其是第三点，在适应中国经济新常态变化，掀起大众创业、万众创新高潮中，突显长远发展的战略定位。

2013 年 11 月，在中国智慧能源产业战略联盟成立大会和第一届理事会上，我们就把每年定期发布《中国智慧能源产业发展报告》作为一项“法定”任务交给了联盟秘书处。发展报告看起来只是编写一本书或一个小册子，但它的价值远不止于此，它是承载时代变迁和产业变革的记录，也是总结智慧能源产业发展经验，指引其发展方向的导航图和定位仪。我清楚地记得，2002 年的时候，车上装了个 GPS，不但在北京城内常常出错，而且出了北京就用不了。十几年后，我们每个人都可以用手机给自己定位和导航。为什么如此？皆因服务商们在不断地积累和更新数据、改进技术、提高服务质量。我想，这是不是和我们定期发布的产业发展报告有异曲同功之处呢！

我们的联盟从成立到现在仅仅是第三个年头，今年的产业发展报告也仅是第二期，但我个人认为，事物的发展必然要经历从渐变到突变的过程，中国的节能减排搞了二十多年，互联网也搞了二十多年，新能源利用和物联网研究到现在也有了十年之久，今天的智慧能源产业创新发展得如此之快，正是得益于上述研究和实践，往日的工作积累一定是今日发展的基础。2002 年年初，在我担任全国物流信息标准化技术委员会主任的时候，曾经和北京大学长江学者、时任美国霍普金斯大学机械主任、现任北京大学副校长的陈十一院士等人在一起，共同研究和推进 EPC（电子标签）与物联网。2004 年，我在《EPC 与物联网技术系列培训教材》的序言中就写道："可以预见，在不久的将来，EPC 将结合条码技术和射频识别技术共同为人们编织一个实时、高效的物联网。这一技术的出现，将会给人类的工业生产、商业经营、日常生活带来巨大的变革。人们将充分体验信息化及信息时代带给人类的种种好处。人类从此步入一个崭新的天地，世界经济的发展、社会的进步以及人们的生活将会开辟一个全新的时代。"尽管有这样的推测，但我们那时的研究还没有涉及到能源，而只是在物流领域做文章。几年之后，这种研究和能源领域发生了碰撞，才有了智慧能源产业创新的思想火花。

什么是智慧能源？智慧能源必须是应用互联网和现代通信技术对能源的生产、使用、调度和效率状况进行实时监控、分析，并在大数据、云计算的基础上进行实时检测、报告和优化处理，以达到最佳状态的开放的、透明的、去中心化和广泛自愿参与的综合管理系统。智慧能源不只是概念，必须是产业创新的实践；智慧能源产业是复合型产业，是能源产业与互联网产业和现代通信业的有机融合；智慧能源不仅包括传统的能源生产，也包括新能源的开发利用；智慧能源产业创新不仅涵盖能源生产，也涵盖能源消费和能效提升。智慧能源产业创新的物质成果才是最终建立的能源互联网。因此，能源互联网不只是电力生产一种产业，或仅是与能源生产、可再生能源生产相关的产业，还应包括能源合理使用，大力提升能效、努力节约能源资源、减少温室气体排放、实行低碳发展、共同建设绿色生态文明等等，凡与此相关的能源生产和能源消费领域的一切产业都应囊括其中。只有这样，智慧能源产业创新才能落地，能源互联网也才可能被社会普遍认可和接受，也才会有来自各行各业的关心、关注和共同开发，从而形成大众创业、万众创新的新局面。

9 月 25 日，习近平主席在对美国进行国事访问期间，与美国总统奥巴马共同发表关于中美应对气候变化的联合声明，这是继去年 11 月 12 日，两国元首在北京宣布《中美气候变化联合声明》基础上向全世界做出的又一次庄严承诺，这充分表明中美两个世界大国对人类面临的共同挑战的高度重视与负责。我觉得，这实际上就是国家领导为我们今天这份报告书写的最好序言，剩下的就应该是我们为实现伟大目标而付出的艰苦努力和扎实行动。

我们期待着！

2015 年 9 月

前言

改革开放以来的30多年里，中国取得了举世瞩目的经济成就，但也付出了巨大的资源环境代价。当前我国GDP位居世界第二，同时也是世界第一大能源消费和温室气体排放国，并导致了雾霾、水污染等生态灾害。可以说，加快推进经济发展方式转变，实现能源生产和消费革命，已成为中国可持续发展的关键。

革命性地解决当前能源的可持续发展问题，面临多重的复杂性和艰巨性。在经济转型升级压力增大、节能减排潜力逐渐收窄背景下，具有系统集成优化效应的智慧能源逐渐走向前台。特别是《第三次工业革命》一书中描述的新一代信息技术与分布式能源技术融合推进工业革命的观点，获得了政府、行业和研究机构的高度关注。

智慧能源将在中国能源生产和消费革命中发挥多元而显著的影响。在生产领域，将在资源精细开采、光伏发电、间歇式能源接入、分布式能源智能控制领域具有巨大应用前景；在消费领域，基于智慧能源在工业、交通、商业、居民建筑中的应用，终端用能设备的运行得到优化。更为重要的是，智慧能源的系统集成和信息管理优势，可以有效协调和对接能源供需，改变一直以来能源供应被动满足需求的模式，从而成为能源市场化配置的推手。

与此同时，智慧能源也是促进经济增长和转型升级的潜在驱动。在当前中国产能过剩严重、资源环境矛盾凸显的背景下，“能源节约、环境友好”的绿色发展方向越发受到广泛关注，其中蕴涵着丰富的市场机遇和社会价值。在七大战略性新兴产业中，智慧能源与“节能环保”“新一代信息技术”“新能源”“电动汽车”等都有巨大交集。在“互联网+”行动计划中，智慧能源更作为国家战略方向，成为互联网新业态拉动经济增长的重要驱动。

然而，目前尚处于发展初期阶段的智慧能源，未来仍面临诸多不确定性：何为智慧能源，是否有明确的定义和功能？智慧能源与能源互联网的关系是什么？在整个能源发展战略中，智慧能源的作用和定位在哪里？目前国家对智慧能源的支持和引导有哪些，未来政策方向是什么？如何科学、务实地设计智慧能源框架体系，使之能够快速地在产业链各环节获得应用和推广？目前智慧能源创新与应用的进展如何，是否有可持续建设运营模式？

有鉴于此，由中国智慧能源产业技术创新战略联盟委托，国家发展和改革委员会能源研究所和中关村国标节能低碳技术研究院组织国内外重点企业及研究机构，开展了《中国智慧能源产业发展报告（2015）》的研究与编写工作。全书共有五章，包括“总体研究”“案例分析”和“联盟介绍”三大部分，希望实现以下目标：

◆缕析智慧能源概念的内涵和外延，明确智慧能源与能源互联网在能源系统中的定位，指出智慧能源将在我国能源革命中发挥关键支撑作用。

◆回顾国内外智慧能源发展现状，梳理目前支持智慧能源发展的各项政策和实施进展，推进智慧能源产品和服务于政策的对接，并更好地获取政策支持。

◆在信息与能源系统融合的角度，开展智慧能源系统的顶层设计，考虑实施复杂度和可行性，提出论述了分层建设、规范连通的智慧能源技术发展思路，希望与产业界共同合作，探索出一条高效、协同、可持续的智慧能源发展路径。

◆分享智慧能源技术进展和应用案例，为智慧能源的合作创新和应用推广提供平台。

◆介绍中国智慧能源产业技术创新战略联盟，希望更多力量能够加入进来。

本报告的研究得到了英国战略繁荣基金 SPF、能源基金会建筑节能项目等机构的资助支持。研究在工作路线、研究方法、工作重点等方面得到了指导委员会众多专家的悉心指导。国家能源局科技司、国家发改委应对气候变化司、国家发改委环资司、国家发改委经济运行调节局、工信部节能司等部门给予了高度关注，并提出了宝贵的意见和建议。中国国际经济交流中心、中国标准化研究院、中国城市燃气协会、中国电力规划设计总院，以及联盟各成员单位等对研究提供了支持、帮助和便利。在此对以上部门、单位、领导和专家诚表谢意。

由于能力和时间有限，观点和内容误漏之处，敬请批评指教。

编著者

2015 年 9 月

目录

第 1 章　智慧能源是实现能源革命的关键

随着近年来信息技术特别是互联网的高速发展，信息与传统行业的跨界融合和创新已经“蔚然成风”。“智慧”概念如智慧地球、智慧城市、智慧物流、智慧建筑，以及“互联网”概念的互联网金融、教育互联网、医疗互联网等层出不穷。无论是在实业界还是资本市场，都获得了广泛关注，甚至有的取得了巨大成果。

“互联网+”也拓展至能源领域，出现了“智慧能源”和“能源互联网”两大高频词汇，成为了“能源”+“信息技术”融合跨界发展的“品牌”概念。特别是在当前大气雾霾、气候变化等能源可持续发展问题日趋严峻背景下，“智慧能源”更是被寄予厚望，成为当前推进能源生产和消费革命的关键途径。

1.1　什么是智慧能源，什么是能源互联网

为了深入阐述上述理念和未来发展方向，很多专家学者、政府官员、产业界人士都给出了分析判断和详细论述。本书针对智慧能源和能源互联网代表性的观点进行梳理。

1.1.1　对智慧能源的各种定义

1）国家能源局规划处处长刘建平：智慧能源就是充分开发人类的智力和能力，通过不断技术创新和制度变革，在能源开发利用、生产消费的全过程和各环节融汇人类独有的智慧，建立和完善符合生态文明和

可持续发展要求的能源技术和能源制度体系，从而呈现出的一种全新能源形式。简而言之，智慧能源就是指拥有自组织、自检查、自平衡、自优化等人类大脑功能，满足系统、安全、清洁和经济要求的能源形式。（2013 年 10 月，新华网）

2）英特尔中国物联网事业部高级行业经理赵宇：所谓智慧能源，是指从能源开发利用到生产消费，所有与能源相关且使用信息通信技术（ICT）的活动，通过系统集成、动态优化、智能互动，实现区域能源调度运行，从而优化能源管理和使用方式。（2015 年 1 月，物联网在线）

3）国家电网董事长刘振亚：全球能源互联网将是以特高压电网为骨干网架，以输送清洁能源为主导，全球互联泛在的坚强智能电网。（2015 年 2 月，新华网）

4）中研普华智慧能源领域研究员鲁伶俐："智慧" + "能源"的能源智能管理系统，将人们生活空间的风能、太阳能、海洋能等新能源，用信息化技术来节能减排，进而把能源变成互联网信息的汇聚点，向能源产业提供开放分享数据资源平台，以及远程控制和协同管理的解决方案。（2015 年 6 月，山东省能源环境交易网）

5）厦门大学能源经济协同创新中心主任林伯强：智慧能源的"智慧"应体现在消费者和供方的互动，这是能源的核心。以前能源方面消费者多被动接受，今后用户可能更多参与互动。智慧能源包括技术进步和机制体制的改革创新两方面。（2015 年 6 月，北极星电力网）

6）2015 年国务院"互联网+"行动指导意见，互联网+智慧能源在列：通过互联网促进能源系统扁平化，推进能源生产与消费模式革命，提高能源利用效率，推动节能减排。加强分布式能源网络建设，提高可再生能源占比，促进能源利用结构优化。加快发电设施、用电设施和电网智能化改造，提高电力系统的安全性、稳定性和可靠性。（2015 年

7月）

7）信达证券能源互联网首席分析师曹寅：互联网+智慧能源是以技术和体制为支撑，解决整个系统发电、输电、配电、送电、用电以及相关服务的一个优化利用问题。（2015年7月，互联网+新能源金融创新模式大会，光伏亿家）

8）中国能源青年论坛特约研究员俞庆：智慧能源的核心，在于信息化与自动化的深度融合，其定位是为售电公司、电网公司等提供智能化的支撑，支持其为用户提供更好的能源服务的解决方案。（2015年7月,中国金融信息网）

9）中国智慧能源产业技术创新战略联盟理事长王忠敏：能源智慧化包括自动控制、总线管理、智能管理系统、通信（特别是无线通信）、数据库、在线监控、网络应用以及有关的传感器、联结技术、软件、硬件开发、系统集成、推广使用和应用评价等，这其中必然会涉及无数的新技术、新工艺、新方法。将这两大领域（智慧能源和能源领域）、多个分领域有机整合、合理分工、整体联动、实现实时状态的人机交互、机机交互、互联互通，高效、优化最佳状态运行，这才是智慧能源的最大追求。（2015年8月，2015中国能源互联网大会暨智慧能源产业博览会新闻发布会，新浪财经）

10）IBM：智慧能源具有物联化、互联化和智能化的特点，将是未来能源系统的发展方向。智慧能源的实现将带来：①公共事业网络转型：电网、燃气网和水网基础设施需要从单向运转的系统转型为动态的、自动化的、可靠的信息化网络；②更多的用户选择：为用户提供实时的、详细的能源使用信息，使用户获得更多的选择权，并提升用户满意度；③确保清洁能源供应：提倡并推动可再生能源和电动汽车的使用，以降低温室气体排放，保证可靠、经济的能源供应。（根据IBM网

站等相关资料翻译、整理）

11）ANEC（the European consumer voice in standardisation）：智慧能源系统包含智能电网和智能计量两部分。其中，智能电网指利用 ICT 技术，实现电力网络的智能管理和科学用电。智能计量指通过数字表计的应用，实现能源消费、远程自动调控和价格变化的实时反馈。（根据该机构网站整理）

12）GERMANY TRADE&INVEST：在智慧能源系统中，能源供应由消费行为为导向的模型所控制。未来可再生能源将会占据更大比例，因此“能源互联网”模型的发展就显得尤为重要。该模型由智能发电、智能电网、智能存储和智能消费环节构成，如图 1-1 所示。（根据该机构网站整理）

13）Technology Association of Georgia：智慧能源指汇集了电力、水力、油气等能源，并实现运行过程中的实时监控、有效保护、智能优化的系统。该系统由分布式能源、可再生能源、能源存储、能源传输网络、能源输配系统、工业用户、建筑自动化系统、终端用户和用户端的用能设备构成。其中，依靠信息的双向流动，构建出一套全面覆盖、智能运行的能源输配网络。智慧能源有效整合了分布式运算和通信的优势，通过信息的实时传递，实现供需的智能匹配。（根据该机构网站整理）

1.1.2 对能源互联网的各种定义

1）能源互联网的概念是 2011 年由美国学者杰里米·里夫金（Jeremy Rifkin）在其著作《第三次工业革命》中最先明确提出的。里夫金认为，能源互联网（Energy Internet）是以新能源技术和信息技术的深入结合为特征的一种新的能源利用体系。里夫金所倡导的能源互联网的内涵大体有三点：即从化石能源走向可再生能源；从集中式产能走向分布式产能；从封闭走向开放。（2015 年 5 月，南方能源观察）

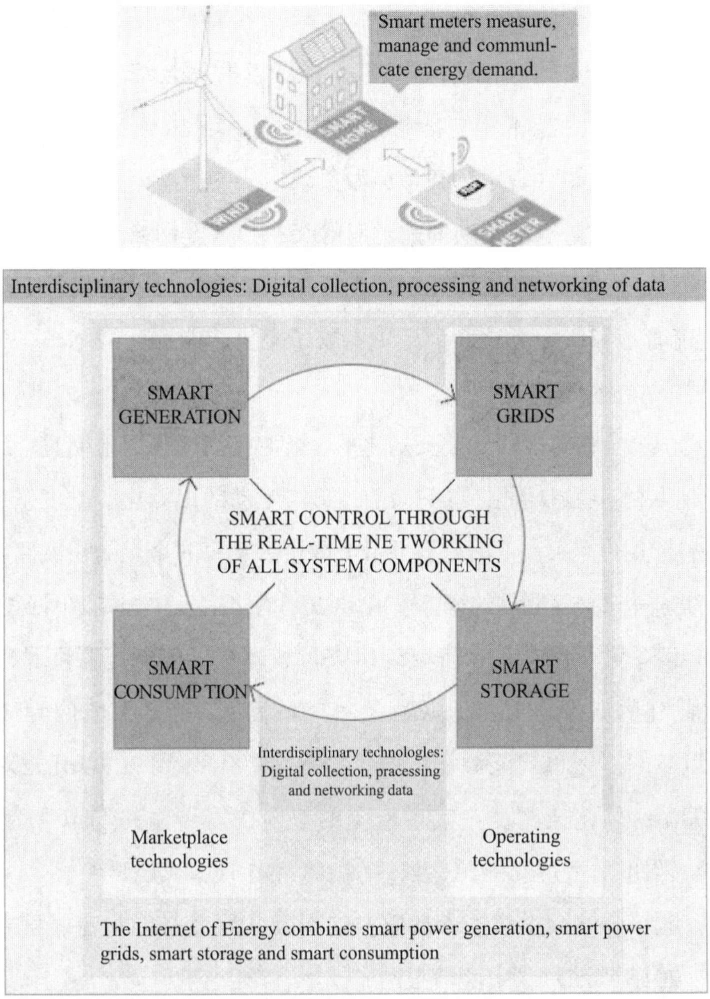

图 1-1　GERMANY TRADE&INVEST 设计的能源互联网系统

资料来源：GERMANY TRADE&INVEST 网站

2）南方电网科学研究院董朝阳：能源互联网是以电力系统为核心，以互联网及其他前沿信息技术为基础，以分布式可再生能源为主要一次能源，与天然气网络、交通网络等其他系统紧密耦合而形成的复杂多网流系统。（2014 年 8 月，《从智能电网到能源互联网：基本概念与研究

框架》）

3）中原证券研究所所长袁绪亚：能源互联网是综合运用先进的电力电子技术、信息技术和智能管理技术，将大量由分布式能量采集装置、分布式能量储存装置和各种类型负载构成的新型电力网络节点互联起来，以实现能量双向流动的能量对等交换与共享网络。能源互联网包括六大板块：智能发电，智能电网，智能储能，智能用电，智能能源交易，智能管理和服务，这六个板块构成了完整的能源互联网。（2015 年 3 月，中国企业报）

4）国家能源局规划处处长刘建平：能源互联网是因地制宜、因需而设、就地取材、就近功能、自下而上、参与互动的多元化多维度系统，与资源条件和用户需求高度融合，并最大限度调动每一个人的积极性和参与感，完完全全来自互联网的智慧思维。（2015 年 4 月，中国能源网）

5）清华大学信息技术研究院研究员曹军威：能源互联网是以互联网理念构建的新型信息-能源融合“广域网”，它以大电网为“主干网”，以微网、分布式能源、智能小区等为“局域网”，以开放对等的信息-能源一体化架构真正实现能源的双向按需传输和动态平衡使用，可以最大限度地适应新能源接入。（2015 年 5 月，凤凰财经）

6）北京邮电大学教授卢放鸣：能源互联网就是能量流、信息流的整合。（2015 年 6 月，中商情报网）

7）国网能源研究院首席专家冯庆东：能源互联网就是智能电网的延伸。（2015 年 6 月，北极星智能电网在线）

8）华北电力大学教授曾鸣：能源互联网是以电力系统为核心与纽带，多类型能源网络和交通运输网络的高度整合，具有“横向多能源体互补，纵向源—网—荷—储”协调和能量流与信息流双向流动特性的新型能源供应体系。（2015 年 7 月，北极星电力网）

1.1.3 本书的观点

目前各方面对于智慧能源和能源互联网的内涵、功能、发展、理念给出了各自的解读。可以看出，不同的机构和专家学者给出的定义存在差异，于是，就有声音提出，能否给智慧能源一个明确的定义。这对于支持、引导智慧能源快速发展，推广智慧能源在能源系统内的应用，拉动投资，促进能源系统升级具有重要意义。

作为一个新兴事物，智慧能源本身还处于发展阶段，一方面能源系统的转型升级不断对智慧能源提出新的要求，另一方面信息技术的改进也使得智慧能源系统能够支撑更多功能应用。因此，对于智慧能源的定义，需要以发展的眼光，结合能源可持续发展的战略需求，较为宽泛地给出一个方向性、功能性的定义。即，凡是信息或互联网技术应用在能源领域，并对能源生产和使用产生经济、环境和社会效益的技术、应用和机制，都可以纳入智慧能源范畴。相信这样，将更有利于技术的创新和产业的发展。

当前，对于智慧能源和能源互联网的定义，主要分为3类观点，分别强调智慧能源在不同层面的应用：

第一类观点是从信息化融合的角度出发，认为智慧能源技术是信息系统对能源系统的改造，强调信息技术应用在能源领域的优势和特点。这类观点认为，智慧能源和能源互联网就是互联网和信息技术与能源系统的融合，这样的表述容易发挥信息系统的技术优势，对于体系化、层次化、专业化推进智慧能源技术体系建设有好处，同时也更容易被众多的IT、互联网公司理解。然而，这类观点对于能源领域的背景特征强调不足，对于未来系统的运行机制没有明确的分析说明，“智慧××”也难免有放之四海而皆准之感。

第二类观点对智能电网概念的拓展。由于电力系统的信息化起步早，水平高，经过长时间的探索、宣传，智能电网的概念在国内有广泛的认知基础，因此一些专家在原有的概念基础上，或向需求侧延伸，强调需求侧与供给侧的有效互动，或向其他能源品种延伸，强调以电能为核心的能源跨品种利用，并基于电力易调节、易于准确控制的特点，得到了以智能电网为核心的智慧能源定义。虽然“先入为主”，但这个概念十分清晰地指明了，未来电力领域智慧化建设和部署的路径。如果能够以更加全局的视角出发，协调好多个能源品种互动的关系，明确信息流通和处理的“核心”，与能源流通和转化的“核心”，两者耦合的技术方式和市场机制，则可能会更加系统和全面。

第三类观点站在能源发展需求的宏观层面，从可持续发展需求的角度出发给出智慧能源的定义。这个视角具有战略性和系统性，不仅易于被政府和产业界接受，更是点明了智慧能源发展的核心需求，即支撑能源可持续发展。从某种意义上讲，这与以往信息化技术“创造新的需求，并且满足它”的常规模式不同，智慧能源的服务对象是已经相对固化的能源行业和用能行业，因此智慧能源必须要与之紧密融合才能体现价值。

表 1-1 列出了智慧能源和能源、互联网定义的 3 类观点的代表人物/组织。

表 1-1　对智慧能源和能源互联网定义的梳理

立足点	信息化融合	智能电网拓展	能源发展需求
代表人物/组织	赵宇 鲁伶俐 曹军威 卢放鸣 Technology Association of Georgia	刘振亚 曹寅 俞庆 ANEC 袁绪亚 冯庆东 曾鸣 GERMANY TRADE&INVEST	王忠敏 刘建平 林伯强 IBM 里夫金 董朝阳

上述表述都有一定的道理，但也存在一定的局限性。如果能够将这些观点融合起来，就能更加完善智慧能源和能源互联网的定义。因此，本书尝试给出智慧能源和能源互联网定义如下：

智慧能源是通过信息系统与能源系统的深度耦合，实现能源生产、加工转化、传输配送、存储、终端消费、回收利用各环节的系统管理和优化运行，以促进能源安全、高效、低碳发展的全新能源生产和利用方式，将对能源技术体系，运行机制、产业模式产生巨大影响。

能源互联网是智慧能源应用在能源系统中，在技术层面与能源系统中的分布式能源、储能设备、节能低碳技术等协同性技术相互配合；在运营模式上，借鉴互联网的运营管理和创新商业模式思路，推进能源系统的安全、高效、低碳运行。可以说，能源互联网=智慧能源+能源系统。

目前，智慧能源取得了诸多探索性的积极应用，涉及到能源系统的诸多层面：在用户侧，部分钢铁厂和水泥厂等用能大户引入了企业能源管理系统，智能家居等智慧化用能设备也逐步得到推广；在传输环节，电力管网已经基本实现调度自动化，部分地区还推进了大规模储能示范项目；在供应侧，风能等分布式能源的利用效率日渐提高，风光储联合发电项目数量与日俱增。同时，一些跨环节的应用也在能源系统内展开：需求侧响应有效对接能源供应侧和需求侧，实现能源动态供需匹配；智能微电网涉及能源的生产、传输、存储、利用，技术也日渐成熟。这些应用都依赖于智慧能源技术提供支持。

1.2 实现能源革命需要智慧能源

习近平总书记提出的“推进能源生产和消费革命”战略，已经成为当前我国能源发展的主线。其中包括5点要求：第一，推动能源消费革命，把节能贯穿于经济社会发展全过程和各领域。第二，推动能源供给革命，形成煤、油、气、核、新能源、可再生能源多轮驱动的能源供应体系，同步加强能源输配网络和储备设施建设。第三，推动能源技术革命，紧跟国际能源技术革命新趋势，以绿色低碳为方向，分类推动技术创新、产业创新、商业模式创新，并同其他领域高新技术紧密结合，把能源技术及其关联产业培育成带动我国产业升级的新增长点。第四，推动能源体制革命，构建有效竞争的市场结构和市场体系。第五，全方位加强国际合作。

智慧能源的应用需求，在能源革命的战略表述中有多处体现。最为显著的，就是在“能源技术革命”中，要求能源技术与其他领域高新技术紧密结合，并实现技术创新、产业创新和商业模式创新。此外，在能源消费、供给、体制革命和国际合作中，智慧能源也有十分广泛的应用需求，甚至将发挥“不可或缺”的关键支撑作用。归纳起来，主要体现在以下方面（见图 1-2）。

1.2.1 支撑可再生能源的广泛接入

实现能源革命，需要我国大规模发展可再生能源。预计到 2020 年我国可再生能源占一次能源比重将超过 12%，2030 年达到 17%，2050 年超过 25%。其中，风电和光伏等间歇式能源是主要增量：到 2020 年我国风电装机将有望超过 2.5 亿 kW，在 2010 年基础上增长 8 倍以上；乐观估计 2030 年甚至可能达到 5 亿 kW。太阳能发电到 2020 年有望达到 1.2 亿 kW，较 2010 年增长百倍以上。为了确保这些间歇式电源能够有效接入电网，必须克服其间歇性、不稳定性、不可调控等技术难题。例如，风电的短时出力波动可达到 20%，日际出力波动甚至高达 50%；太阳能电站短时波动就可达到 50%。因此，如果没有智慧能源的支撑，未来我国弃风、弃光问题可能会十分严重。

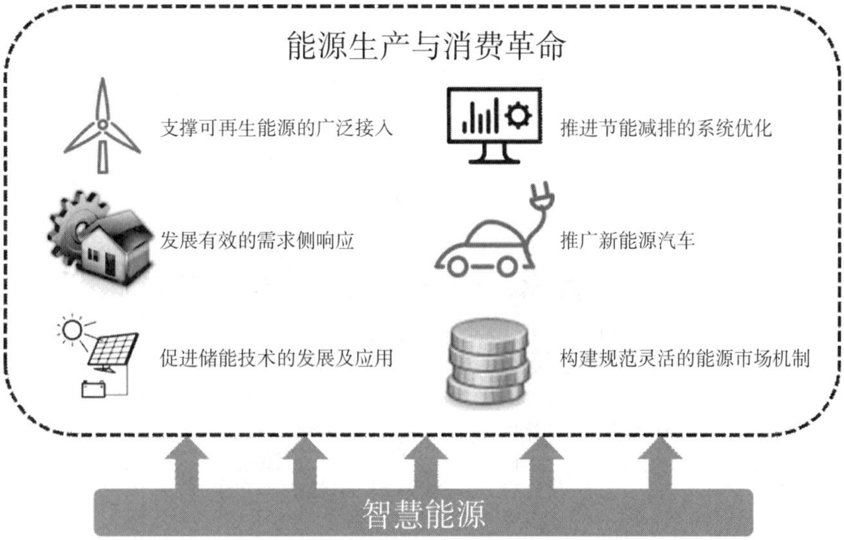

图 1–2　智慧能源为能源革命提供支撑

智慧能源技术可通过能源系统的信息化和智能化，促进能源的供需匹配，进而使可再生能源更加便捷接入电网。从技术层面，智慧能源能够提升新能源发电站的管理水平和设备运行效率，提升电厂出力预测的准确性，并促进分布式光伏–储能联合系统、智能用电系统等技术的推广。从调度层面，智慧能源技术能够提高能源系统的客观性和可控性，提升电网应对新能源出力突然变化的能力。从运行机制层面，智慧能源技术能够支持需求侧响应、实时电力市场等未来能源系统运行机制。因此可以在最大程度上支持间歇式、可再生能源并网，将产生巨大的经济和环境效益。

我国可再生能源发展前景见图 1–3。

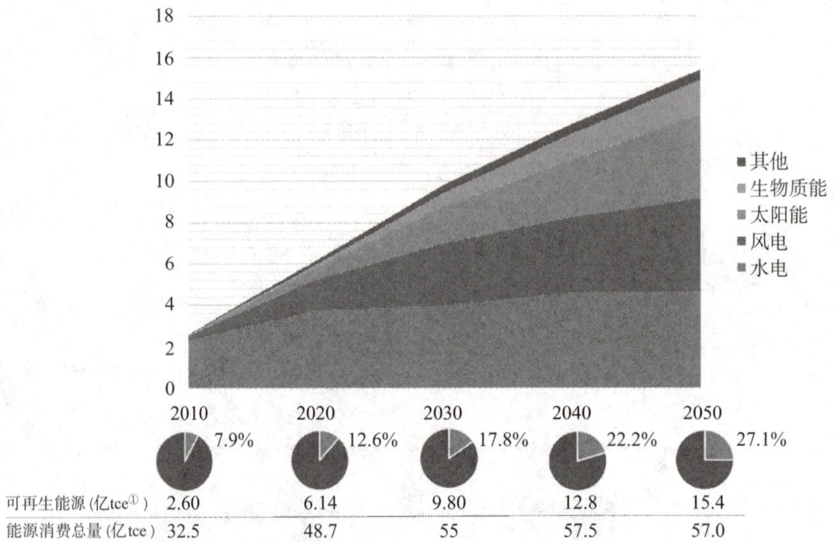

图 1-3　我国可再生能源发展前景

1.2.2　推进节能减排的系统优化

节能减排将是我国能源革命的重点。2005 年开始实施的节能减排战略已经取得了重大成就，使我国单位 GDP 能耗累计下降了 36%，电力、水泥、钢铁等高耗能产品的综合能耗已逐渐靠拢国际先进水平。然而随着传统高耗能产业的节能技改工作已取得很大进展，在高耗能产业发展受限的同时，“项目技改”模式的节能空间也逐步收窄。另一方面，以往不被关注的装备制造、电子信息、服务业快速发展，未来的能源消费将呈现多元化、均衡化的上涨态势，节能减排的挖潜难度不断加大。为此，广泛推进能源信息化和智慧化管理，大力发展系统节能、精细节能、数字节能，将成为未来节能减排的主要方向。

---

① tce 为吨标准煤的符号，1tce＝29. 3076 GJ，下同。

通过能源信息管理在企业、园区和城市的积极探索，已经表明：智慧能源在深度推进节能减排领域具有巨大优势。以钢铁企业能源信息管理为例，依托信息化技术对钢铁生产工艺全过程的优化管理，可以使吨钢综合能耗平均降低约 5%；对于大型钢铁企业，3 年左右即可收回成本。除了钢企自身的节能减排外，智慧能源更能够支撑钢铁企业周边区域的能源综合利用，通过信息化手段促进不同品位能源的梯级利用和供需实时匹配，例如，优化调度余热满足周围建筑供暖，并实现氢气等工艺副产品的综合利用。图 1-4 为钢铁企业能源管理系统示意图。

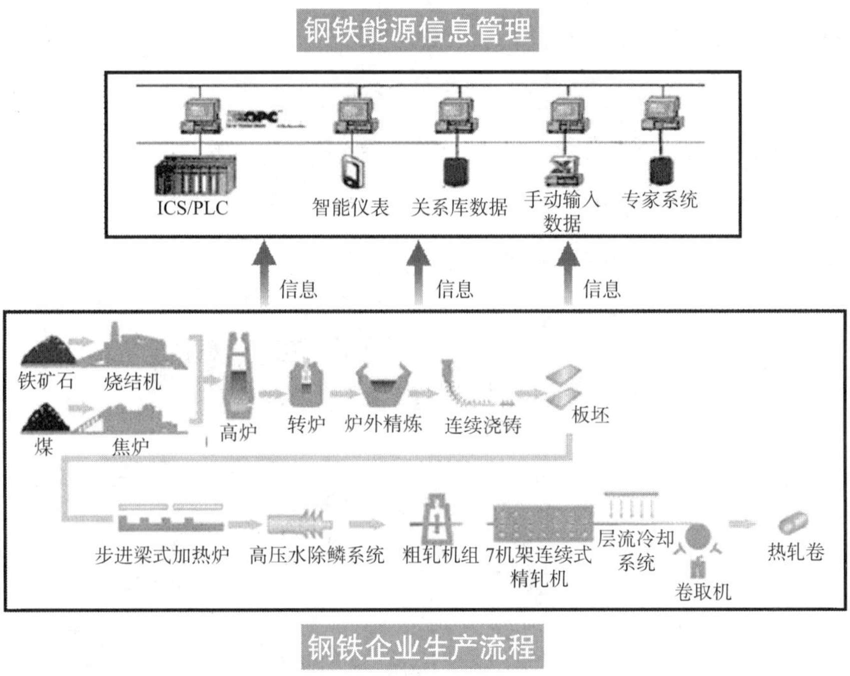

图 1-4　钢铁企业能源管理系统示意图

1.2.3　发展有效的需求侧响应

需求侧响应的有效构建，能实现能源系统需求与供应的动态平衡，对引导用户优化用电方式，提升能源系统综合利用效率至关重要。近年来，我国的电力需求响应得到迅速发展，2015 年夏季，我国多个省市相继开展需求侧响应工作，如北京市、江苏省、佛山市等地，各地在开展工作的同时取得了很多宝贵经验。预计，2020 年我国需求侧响应容量将达到峰谷差的 2% 甚至更高，并随着相关政策、技术的落地逐步提高。

推行需求侧响应，需要有效对接能源供应侧和需求侧的信息，精准捕捉能源输送管网运行数据，并对需求侧实现智能化、自动化管理。智慧能源技术将为需求侧响应落实提供有力支持：智慧能源系统内的量测系统可以准确计量管网运行状态；智慧能源的信息系统可以实现系统内供应、传输、储存、应用等多个环节信息的高效流通；智慧能源技术能够实现需求侧的自动控制，避免人工操作带来的诸多问题；需求侧响应对应着对参与用户的补偿机制，智慧能源技术能够提供精确的捕捉用户实时用能信息，支持准确计费。如图 1-5 所示。

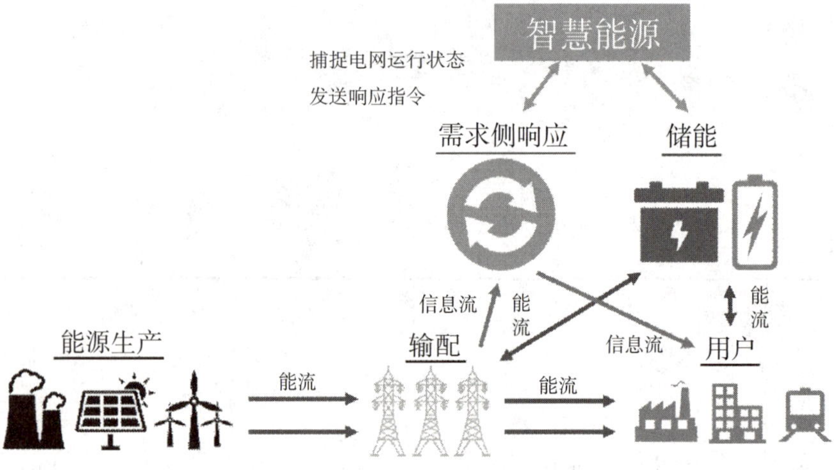

图 1-5　智慧能源参与需求侧响应管理和储能系统

1.2.4 推广新能源汽车

加快培育和发展新能源汽车工艺，推动汽车动力系统电动化转型，对节能减排、培育需求侧响应和加强可再生能源利用都具有重要意义。随着市场需求快速增长，配套技术逐渐成熟，国家扶持力度不断加大，未来新能源汽车将迎来爆发式增长。目前中国电动汽车保有量 12 万辆，预计到 2020 年我国新能源汽车年销量达到 140 万辆，2025 年达到 380 万辆，到 2030 年新能源汽车将占私家车的 30%，每年吸纳 300 亿 kW · h 可再生能源。考虑到目前新能源汽车的推广以电动汽车和插电式混动汽车为主，各类技术的着眼点应当先放在新能源汽车对电网的影响。

新能源汽车的发展将给电网带来诸多不确定性，智慧能源技术通过对电动汽车的充放电进行统一管理，将对新能源汽车的普及起到巨大推动作用。电动汽车比绝大多数家用电器的用电需求更大，其大规模普及将使配电网承受较大压力，特别在用电高峰时段，电动汽车的集中充电将可能导致区域电网崩溃。智慧能源技术能够优化一个区域内多台电动汽车的充电，缓解电网压力：借助信息化工具，智慧能源技术可以协调不同需求的用户进行充电的先后顺序，避免大量用户同时充电；通过支持实时电价市场，智慧能源技术能够有效引导用户的充电行为，让用户更多地选择在电力负荷低谷时段充电；通过车联网等形式，智慧能源技术将实现新能源汽车与电网的有效互动，使电动汽车优先消纳风能、太阳能等新能源，参与电网调频，甚至向电网反向充电，改善电网的运营情况。电动汽车改善电力负荷的潜力见图 1-6。

1.2.5 促进储能技术的发展及应用

支撑能源系统革命离不开储能技术，有了储能，就可以破解能源供应被动满足需求的传统模式约束。在可再生能源接入、分布式发电、微电网以及电动汽车等技术的协同促进下，未来储能尤其是大规模储能技

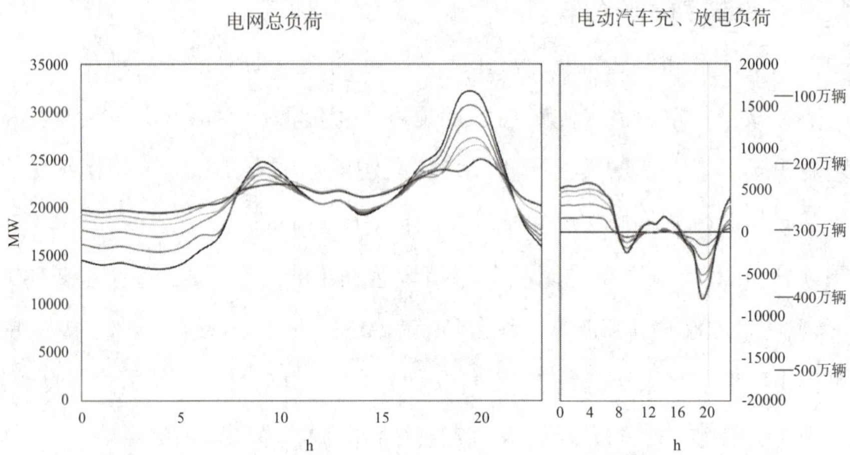

图 1–6　电动汽车改善电力负荷的潜力

资料来源：发改委能源所，刘坚，中国能源 . Vol. 35，No. 17

术将快速发展。研究表明，成熟的电力系统中储能装机容量应占电网装机容量的 15%左右，然而目前我国储能系统装机容量约为 2 万 kW，不到电力总装机的 2%，大大低于美国、日本等发达国家的水平。预计在“十三五”到“十四五”期间，我国储能将获得爆发式发展，逐步达到全国发电装机总量的 6%～10%，为电力系统的安全、低碳发展做出更多贡献。未来储能技术发展的技术路线见图 1–7。

储能技术未来发展需要解决有序运行和商业模式这两个问题，而智慧能源则将为其提供关键支持。在技术运行层面，智慧能源通过对多个能源供需节点的实时动态管理，可以有序调动储能资源，支撑储能设备并参与电网调频、平滑新能源出力突变，并支撑电网应急响应。在商业模式层面，智慧能源能够打破电力市场供需的信息不对称，通过及时准确地传递市场价值，进而最大限度的挖掘储能技术的体现其削峰填谷效益，为储能系统运行和投资提供参考。

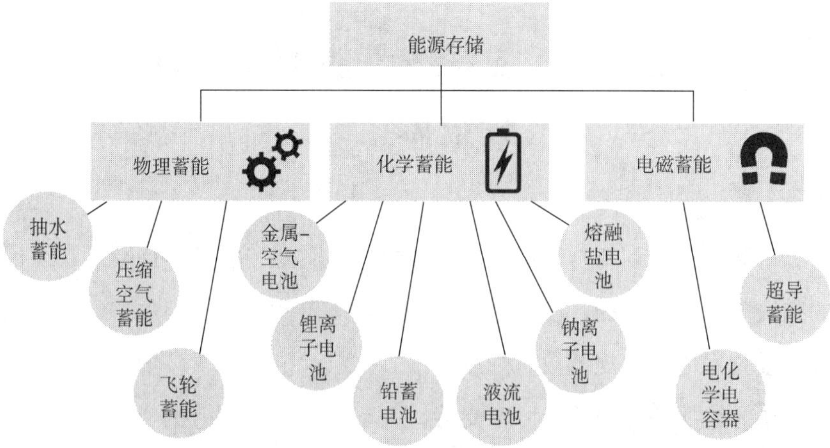

图 1-7　未来储能技术发展的技术路线

1.2.6　构建规范灵活的能源市场机制

还原能源商品属性，构建有效竞争的市场结构和市场体系，是提升能源系统运行效率，促进能源可持续发展的重要手段。未来随着能源市场化改革的推进，能源价格将更多地体现供需、负荷、配套服务等多元化价值。目前相对固定的能源价格，未来可能变得灵活多样，并且将会出现一系列全新的交易机制和商业模式。为此，智慧能源将为市场化改革提供基础信息，并有效地支撑市场优化资源配置。

依靠先进和广泛的信息化覆盖，智慧能源系统可以及时掌握能源供需状况和成本、市场等综合因素，使能源生产、传输、消费和销售各环节主体获得充分而有效的信息。以售电市场为例，智慧能源可以实时获取并预测用户需求，再结合发电侧信息和电网的输配能力，汇总形成为价格信号，并进一步反馈至用户侧和发电侧。此外，市场的有效运行离不开能源计量等信息技术的支撑，例如，阶梯电价、峰谷电价，以及电网调频、需求侧响应等辅助市场，均需要智慧能源予以支持。

第 2 章　支持智慧能源发展的政策体系

智慧能源的创新与应用，离不开政策的支持和引导。特别是在发展的初级阶段，科学的、有针对性的政策将是智慧能源破土发芽的春雨，在鼓励技术创新，规范技术标准，推进试点示范，探索市场机制，加强政策协调对接等方面给予巨大支持。在本章中，将总结主要发达国家智慧能源发展趋势和支持政策，并对国内现有的智慧能源政策和进展进行全面梳理，希望对产业发展有所帮助。

2.1　国际发展趋势

发达国家在智慧能源相关研究方面起步较早，但由于对智慧能源的认识尚未统一，体系化发展尚未成熟，目前也大都处于探索发展的初级阶段。总结发达国家的发展现状，对智慧能源的探索大都从智能电网入手，逐步并入多能源品种、复杂运行体系，形成较大范围的能源互联网。由于各国的具体环境不同，因此智慧能源的发展情况也有所差别，政策体系也各有特色。本节分别对美国、日本和欧洲的智慧能源相关政策进行了回顾，为国内相关政策制定提供参考。

2.1.1　美国

美国对智慧能源的探索起步较早，在强大的技术基础支撑下，美国对智慧能源体系的探索集中在了智能电网和智慧建筑等领域，并希望以此为基础打造 21 世纪的能源互联网。

（1）智能电网：能源互联网突破点

美国电力科学研究院（EPRI）早于2001年就提出了智能电网（Interlligrid）的概念并开始进行研究。此后美国政府陆续出台了一系列政策法案以支持以智能电网为代表的智慧能源系统发展。目前，美国智能电网技术主要应用在智能计量、智能电网平台、电网监控和管理、需求侧管理、集成可再生能源、充电式油电混合动力车或纯电动汽车等方面。

2003年7月，美国能源部输配电办公室出版了GRID2030，明确提出了未来美国电力系统的愿景。2030年，美国的电网可以实现分布式网络和微网的接入，提高可再生能源的利用率；高级储能技术和需求侧管理可以满足日调峰需求，提高电力系统稳定性；超导技术使得电力远距离传输成为可能，电力输送效率大大提高。通过发电侧和用电侧设备间的电力和信息流的双向流通，可以实现对每个用户和节点的自动监控和管理。虽然智能电网的概念尚未明确出现，但是对电力系统的设计和愿景充分体现了智能电网的显著特征，即提高系统可靠性，提高电能质量和安全性，提高电力传输和电力市场的效率。

2005年，美国颁布的能源法案（EPACT）开始关注智能电表在能源信息化中的重要作用。为了进一步明确消费者的需求，美国能源部（DOE）和联邦能源监管机构（FERC）开展了电力的需求响应计划，利用一系列价格信号从消费者处得到需求反馈。而智能电表（Smart Metering）开始在其中充当重要的作用。在随后颁布的公共物品监管政策法令（PURPA）下，政府制定了智能电表的技术和市场标准，要求电力供应商通过智能电表为消费者提供分时段定价的生活生产用电，智能电表开始正式走入人们的生活。

2007年，能源独立安全法案（EISA）进一步推动了智能电网的发展，支持体系更加明晰。在 EISA 的框架下，由美国能源部主导，由免税政策和国家资助款项推动，基于需求响应的智能电网开始在全国范围建立起来。美国科罗拉多州的波尔德市（Boulder），从 2008 年开始建设全美第一个“智能电网”城市。其主要技术路线包括：构建配电网实时高速双向通信网络；建设具备远程监控、准实时数据采集通信以及优化性能的“智能”变电站；安装可编程家居控制装置和自动控制家居用能的管理系统；整合基础设施，支持小型风电和太阳能发电、混合动力汽车、电池系统等分布式能源和储能设施的建设。根据美国能源信息署 2011 年的统计数据，约 13 个智能电网项目已经成功运行（见表 2-1）。

表 2-1　美国智能电网项目概览

名称	年份	预算/美元	消费者范围	关键技术
Austin Energy Pecan Street Project	2009	2400 万	1000 户居民，75 家企业	AMI，能源储存，智能设备
BPA Gridwise initiative	2006	750 万	17000 人	AMI，AMR，智能设备，动态定价
Duke Energy Carolinas Grid Modernization Project	2008	1 亿	700000 人	AMI，AMR，动态定价
First EnergySmart Grid Modernization Initiative	2010	7220 万	44000 人	AMI，动态定价
Georgia Power PoweRewards	2008	—	1000 人	AMI，AMR，动态定价
ISO-NE DR Reserve Pilot	2006	—	109 个单位	AMI，动态定价

续表

名称	年份	预算/美元	消费者范围	关键技术
Oncor Smart Texas Program	2009	730 万	340 万人	AMI，动态定价
PEPCO Power CentsDC	2008	4460 万	280000 人	AMR，动态定价
PGE Critical Peak Pricing Pilot	2011	200 万	1000 户居民	AMI，智能设备，动态定价
SDG&E Smart Meter Program	2009	5.72 亿	140 万人	AMI，智能设备，动态定价
SRP Smart Grid Project	2003	1.14 亿	935000 人	AMI，AMR，动态定价
Xcel Saver's Switch	1990	850 万	314000 户居民、13000 家公司	AMR，智能设备，动态定价

资料来源：美国能源信息署

2009 年，《美国经济复苏和再投资法案》为能源局提供 45 亿美元的财政支持以支持电网的现代化改造。其中最大的项目为智能电网投资项目（SGIG），截至 2014 年 10 月，能源局和电力行业已经在 99 个投资项目中累计投资 80 亿美元，其中包括 200 家企业。投资主要用于电网现代化改造、提高网络信息安全、提升协同能力和收集电网运行和收益的大数据。另外，该法案还支持能源局建设智能电网示范区项目（SGDP），该项目总投资为 6 亿美元，另有 9 亿美元用于工业项目成本分担，在 32 个智能电网示范区和储能示范区进行试点建设，以探索更前沿、更高效的智能电网技术、工具和框架。

2010 年，针对 2007 年能源独立安全法案中提到的建立“电力需求侧响应（Electricity Sector Demand Response）”的建议，联邦能源监管机构出台了需求侧响应国家行动计划（National Action Plan on Demand Response，NAP），以促进和推广需求侧响应在智能电网中的应用。在国家行动计划中，明确定义了需求侧响应的概念，强调其包含任何改变公共系统或地区的电力负荷的消费者行为，包括可以对需求侧响应提供者的信号作出实时响应的智能家电或设备，以及可以将风电、太阳能发电等新能源接入公共电网或电力消费侧的智能集成方法，还包括相关技术设备的推广使用，以支持能够根据实时需求而进行能源管理或者存储，并且管理能源进出储能设备的流量，以提供更好的服务。作为NAP的一部分，美国成立了需求响应与智能电网协会（ADS），以对需求响应计划的实际应用进行实时调研，为政策实施提供系统研究和建议。

（2）智慧能源：能源互联网概念拓展

在对智能电网的探索逐渐成熟的过程中，美国开始推进多品种能源与能源互联网的对接，能源互联网的概念开始不仅仅局限于电网。

2008年，智慧能源法案颁布，明确了美国智慧能源未来发展的框架。该法案分为技术和资金支持两部分。在技术方面，法案提出要建立规范化的节能合同、数据处理标准和优秀案例示范。在资金支持方面，美国能源部不仅制定了支持建筑能效项目的贷款计划，而且设计了智慧能源项目的资金支持体系，规定了项目资金可以来自贷款、能源采购标准合约书、能源服务协议、清洁能源债券等政府或市场资金。

2010年9月，美国能源部在智能网络全球论坛（2010 Grid Wise Global Forum）上提出了美国发展智慧能源的最新战略，即建立“21世纪的能源网络”，重点支持可再生能源接入、大规模储能、用户端管理、智能电网、数据与信息安全、智能建筑等内容。

同年，美国能源部开始推行智慧建筑计划（Better Building），旨在为建筑提供一体化的能源使用的方案。该计划希望通过实时监控楼宇内的能源使用，实施需求响应和优化策略，降低楼宇的能耗和排放，优化能源使用方案。截至 2014 年，美国联邦政府已在该领域投资 1 亿美元，对全国范围内的商务楼宇和工业建筑进行相关基础设施建设改造。另外，政府还激励私营资本在智慧建筑领域的投资，力求在 2020 年之前将楼宇能效提高 20%。

2.1.2 欧洲

欧盟作为传统优势工业地区，从哥本哈根气候大会开始，就做出了全球最高标准的减排承诺。2007 年，欧盟通过了“20-20-20 计划”，希望在 2020 年温室气体比 1990 年减排 20%，可再生能源在总能源消费中的比例达到 20%，提高能源综合使用效率 20%。能源的信息化对于欧盟提高能源使用效率和节能减排来说是必要的变革和创新，所以欧盟也是最早进入“智慧能源”领域的地区。相较于其他地区和国家而言，欧盟更为强调信息技术在低碳化发展上所起的作用。

（1）低碳经济：以 ICT 技术为导向

2003 年 6 月，欧洲议会和欧洲理事会发布了名为“智慧能源——欧洲”政策（A Smart European Energy Policy），计划为地方、区域和国家级可再生能源、能源效率、交通运输和国际合作的激励计划提供财政支持，预算超过 2 亿欧元。2004 年，欧盟提出了搭建“未来电网”的欧洲技术平台（ETP），并特别提出要建设欧洲智能电网平台，旨在推进欧洲智能电网的建设。

2005 年，欧盟提出“i2010：欧洲信息社会 2010”五年发展规划，旨在完善欧盟现有的政策手段，推动数字经济的快速发展。该规划从 2007 年起将欧盟信息通信技术研发投资提高 80%，并规定设立泛欧洲示范项目，对重点研究成果进行测试，以及鼓励中小企业参与研究等。

在2009年的进程会议上，欧盟委员会特别提出要支持ICT的研发和创新，并将其利用在智能电网、建筑和交通物流等领域，促进欧盟向低碳经济转型，迎接气候和能源的全球性挑战。

2009年，在“i2010”顺利推进达成目标的同时，欧盟提出了“绿色知识社会（A Green Knowledge Society）”的规划，争取2015年把欧盟建设成为兼具创新和可持续发展的“绿色知识社会”，特别是要在建筑节能和交通运输节能领域应用ICT技术，建立完善节能监控和高效的能源使用系统。

2003年到2013年的十年间，欧盟已在智慧能源建设领域投入近10亿欧元。2013年，基于欧洲信息化进程（Digital Agenda for Europe），欧盟议会发布第二个“智慧能源—欧洲”计划，旨在建立基于信息和通信技术、可实现自我调控的高效能源系统。

（2）智能电网：重点支持领域

在欧洲，由于电力需求趋于饱和，智能电网的发展动力源于用户对提高供电可靠性和电能质量等的需求。另外，扩大可再生能源和清洁能源的应用范围也是欧洲智能电网的发展方向。从电力市场需求、电能安全供给及环保等角度出发，欧洲于2005年提出“超级智能电网（Super Smart Grid）”计划，并在2006年出台了该计划的技术战略。

2011年，欧盟发布了“能源基础设施”的战略报告，提出了将欧盟各个国家的电网、气网等能源网络连通，建成欧盟能源互联网的战略构想。在此战略目标下，各成员国根据自身情况，重点开展智能电网的研究和建设。与此同时，欧盟委员会通过了1万亿欧元的投资方案，计划在未来10年建设跨欧洲的分布式智能电网。目前，欧洲议会正在用立法的方式明确能源互联网在完成欧盟节能减排目标和可再生能源利用中的关键地位。根据欧盟的计划，到2030年欧洲获得的电力中将有 30% 来自可再生能源提供的分布式发电和智能电网技术。

2013 年起，英国政府大力开展智能电网建设，发布了详细的智能电网建设计划，并制定了至 2050 年的智能电网线路图及实施方案。英国的智能电网采用互动供电模式，需求侧可将剩余的电力逆向输入电网。但这种模式需要对电网实施双向保护，给电网的稳定控制和调度管理带来很大困难，是目前的技术研究重点。此外，英国政府还提出要让智能电网走入千家万户，预计到 2019 年将在 2600 万家庭安装 4300 万块智能电表。同时，英国政府积极对以能源互联网为核心的第三次工业革命进行政策支持，在电动汽车和电网基础设施的建设项目上强调能源互联网的接入和应用。

2008 年，德国联邦经济技术部与环境部在智能电网的基础上推出了为期 4 年的技术创新促进计划（E-Energy），提出打造新型能源网络。该计划在全国推进了 15 个重点项目，以实现能源系统综合数字化互联以及计算机监测和控制，取得了较大成果。2011—2014 年，德国政府计划拨款 34 亿欧元，重点资助与能源互联网相关的关键技术，包括能源储存、电网技术以及可再生能源利用等。除德国和英国外，奥地利、丹麦等多个欧盟国家也在致力于智能电网的应用实践，如表 2-2 所示。

欧盟通过在不同国家的实践总结出了一系列技术和市场标准。2011 年欧盟颁布了智能电网的技术标准（M/490），随后智能电表（M/441）和电动汽车（M/468）的技术标准也随之出台。相关技术标准明确了信息使用、技术安全性和交互性等方面的诸多条款，为推动整个欧洲的智慧能源体系发展打下了坚实基础。

表 2-2 欧洲各国的典型智慧能源实践

国家	项目	年份	主要实践
欧洲多国	Fenix	2005	利用虚拟电网技术（VPP）充分利用分布式能源（DER）整合欧洲的能源利用现状，提高能源使用效率
英国	Skegness-Boston DLR Scheme	2011	利用风速、温度监控系统控制风能系统，提高输送电路容量，管理风电发电过剩的情况
德国	Modern City of Mannheim，MoMa	2011	利用智能电网技术，监控实时电价信息并反馈给用户，让用户可以根据电价调整用电情况
欧洲多国	FINSENY	2011	整合不同领域的能源需求信息的数据，建立起数据网络

资料来源：欧盟官网，作者整理

2.1.3 日本

日本是亚洲能源利用效率最高的国家，在世界也位居前列。作为一个能源短缺的国家，日本一直注重能源领域的创新和探索，一方面是新能源的开发，另一方面则是节能模式的创新。除此之外，在东芝、松下等国际大公司技术和资金支持下，日本的信息技术发展也一直走在世界前列。先进的技术为智慧能源在日本的发展奠定了坚实基础，使得日本目前在能源系统整体化探索方面走在美欧国家之前，尤其在城市整体化设计和新能源的对接等方面处于世界领先地位。

2009 年 7 月，日本发表了《i-Japan 战略 2015》规划，促进全国能源产业创新，放眼全球 ICT 市场，加速关键技术和研发，挖掘可以向全世界延伸和有助于解决社会课题的日本专有技术。2010 年，日本正式开始进军智慧能源领域，首次在“新一代能源和社会体系示范计划”

(Demonstration of Next—Generation Energy and Social Systems) 提出构建智能电网体系，通过绿色革新技术成为能源强国。

在这项计划中，日本经济产业省（METI）提出了“智慧能源共同体”计划，该计划涵盖能源、社会基础设施建设和智能电网等领域，主要包括两个项目：一个是“智慧城市共同体”示范项目（如图 2-1 所示），在横滨、丰田、关西和北九州实施，试图探索在城市内部的智慧能源网络；另一个是“智慧能源网”示范项目，在东京和大阪试点。

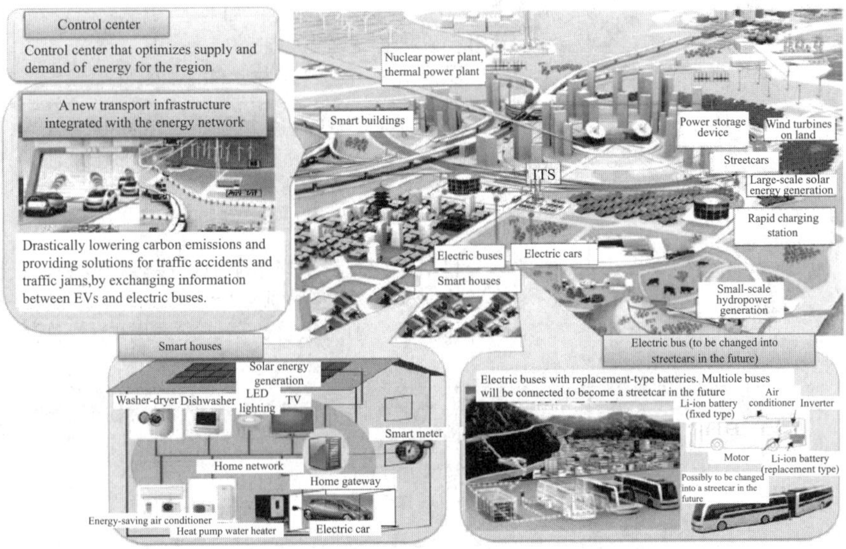

图 2-1　日本“智慧能源共同体”计划示意图

资料来源：日本经济产业省

（1）智慧能源共同体：智慧城市

“智慧城市共同体”计划从 2010 年开始进行，为期五年，将耗资 10 亿美元左右。计划目标为实现日本首相 2009 年提出的减排承诺，即在 2020 年前使温室气体排放量下降 25%。通过在 4 个示范城市进行试点建设，计划将通过智能化的信息交换与控制系统，协调电力、热能等不同能源品种在生产、运输等不同环节的应用，实现低碳、高效发展。4 个试点城市承诺，至 2030 年二氧化碳排放量减少 40%，而为达到此目标所采用的新型智慧能源系统比目前美国等国家采用的智能电网技术更加成熟和高效。4 个试点城市试点计划概况见表 2-3。

表 2-3　日本“智慧城市共同体”试点计划概况

试点城市	参与方	具体内容
横滨市	市政府 东芝集团	扩大规模：覆盖超过四千户居民的能源管理计划 三个重点城区： 横滨未来 21 区：以高楼为主的商业区 港北新町：以复合型住宅为主的居民区 金泽区：以公寓和工业园区为主的混合区域
丰田市	市政府 丰田集团	能源技术多样化：计划利用太阳能，燃料电池技术，热泵，蓄电池和新一代交通工具实现超过 60% 的家庭的能源需求； 居民参与：鼓励人们绿色出行，节能减排
北九州市	市政府 IBM 日本	能源整合利用：有效利用当地工业的废热资源和水资源，为附近的家庭或者建筑物提供能源； 需求侧管理：电力动态定价，调控家庭用电，实现供需平衡
关西科学城	市政府 三菱重工	动态管理：利用智能电网实时监控收集的数据，通过需求响应计划和相关技术，例如，蓄电池，调控整个区域的家庭、交通和工业用电； 技术革新：采用先进的监控反馈技术和软件，例如，“随需应变的电源管理系统”（on－demand power management system）和“电力着色”（power coloring）可视化系统

资料来源：日本经济贸易产业省

示范工程在四座城市的开展情况略有侧重。丰田和横滨市重点发展电动汽车的应用，并计划实现电动车和主干网之间的电力传输，电动车可以储存额外的可再生能源，并可以将多余电量返回给电网。北九州市重点关注氢燃料电池的应用，新日本制铁公司为其发展提供可持续的氢燃料原料支持；关西科学城则倾向于研发能源管理系统，整合电动汽车及太阳能电板等分布式电源，实现消费侧的能源监测与管理。

（2）智慧能源共同体：智慧能源网

日本另一个项目“智慧能源网”则重点侧重供给侧的分布式能源系统。该系统力求将天然气、电力等大规模网络与高效热电联产、燃料电池等分布式能源有机结合，充分利用废热等未使用能源，构建能源的优化供给结构。“智慧能源网”由在线能源服务及区域能源服务两大基础设施工程构成，充分利用生物能、太阳能等新能源。以热电联供项目为例，热电联供燃料电池项目参与公司如东京燃气、松下、东芝等知名企业，项目被命名为 EneFarm。自 2010 年日本福岛核电站危机过后，热电联供燃料电池的部署力度不断加大，现在日本已经部署超过 4 万套，预计到 2015 年将超过 10 万套。

日本的智慧能源体系的发展是采用政府主导，企业参与的方式进行，在一些试点区域取得了阶段性成功。政府的支持既体现提供项目的启动资金和参与项目规划上，也体现在制定市场激励政策上。例如，为加速推进可再生能源应用，政府制定了上网电价补贴政策，若采用可再生能源发电的单位向公共电网输送电能，除可以获得原本的电价外，可以获得可观的政府补贴。

相较于美国，日本智慧能源领域缺乏响应的技术标准和市场规范，囿于私人公司实力和技术，这种公私合营的模式缺乏市场动力，不利于大规模推广，而且存在一些不公平竞争现象。

总体来说，日本智慧能源领域的实践以城市为单位进行整体推进，具有全局化优势。这种推进方式虽然实施难度较高，但更能体现智慧能源的动态调整和一体化的思路。同时，日本政府必须清晰地认识到，若想要进一步发展智慧能源，除了政府的主导，市场化和标准化则是后续发展的重要条件和保障。

2.2 国内政策环境

智慧能源产业的发展将取决于市场化的进程，而如何处理好政府与市场的关系，则是未来智慧能源体系得以顺利发展的关键。因此，在公共政策层面上，政府应当承担支持和推动能源市场建立与不断完善的角色，还原能源的价格属性，发展依赖市场的能源价格机制，并通过营造良好的能源市场环境，发挥其在能源配置中的基础性作用。

由于我国智慧能源起步较晚，目前专门针对智慧能源的政策相对较少，但是国家的相关部委根据各自不同的工作目标和工作重点，出台了一系列涉及能源系统不同环节的政策文件，并有针对性地开展了围绕能源信息化的政策专项行动和其他涉及能源信息化与智慧化内容的行动。表 2-4 是按照颁布时间先后排列的、本文所涉及的政策的情况概览。

表 2-4　我国能源信息化和智慧能源相关政策情况概览

名称	执行时间	牵头部委	重要文件
污染源自动检测	2005 至今	国家环保部	《污染源自动监控管理办法》 《污染源在线自动监控（监测）系统数据传输标准》（HJ/T 212—2005） 《环境污染源自动监控信息传输交换技术规范（试行）》（HJ/T 352—2007） 《国家监控企业污染源自动监测数据有效性审核办法》（环发［2009］88 号） 《关于对国控重点污染源自动监控系统数据进行删除、修改、增加的处罚规定》
节能减排财政政策综合示范	2011 至今	国家发改委	《节能减排财政政策综合示范指导意见》

续表

名称	执行时间	牵头部委	重要文件
万家企业节能低碳行动	2011 至今	国家发改委	《万家企业节能低碳行动实施方案》
工业领域电力需求侧管理	2011 至今	国家工信部	《关于做好工业领域电力需求侧管理工作的指导意见》 《工业企业实施电力需求侧管理工作评价办法（试行）》
工业化与信息化融合	2011 至今	国家工信部 国家发改委 国务院	《关于加快推进信息化与工业化深度融合的若干意见》 《信息化和工业化深度融合专项行动计划（2013—2018 年）》 《中国制造 2025》
需求侧管理综合试点	2012 至今	国家工信部 国家发改委	《关于开展电力需求侧管理城市综合试点工作的通知》 《电力需求侧管理城市综合试点工作中央财政奖励资金管理暂行办法》 《关于完善电力应急机制做好电力需求侧管理城市综合试点工作的通知》
智慧城市	2012 至今	国家住建部	《国家新型城镇化规划（2014—2020 年）》 《国家智慧城市试点暂行管理办法》 《关于促进智慧城市健康发展的指导意见》
物联网发展专项行动	2013—2016	国家发改委	《关于印发 10 个物联网发展专项行动计划的通知》
低碳工业园区试点	2014—2016	国家发改委	《国家低碳工业园区试点工作方案》
低碳社区试点	2014 至今	国家发改委	《关于开展低碳社区试点工作的通知》 《低碳社区试点建设指南》
互联网+行动计划	2015	国务院	《国务院关于积极推进“互联网+”行动的指导意见》
智能电网	2015—2020	国家发改委 能源局	《关于促进智能电网发展的指导意见》

从政策面向的主体出发，这些政策可以分为四个层面。第一个层面是面向企业的政策，包括万家企业节能低碳行动、污染源自动监控、工业企业需求侧管理等；第二个层面是面向园区的政策，包括低碳工业园区、低碳社区等；第三个层面是面向城市的政策，包括节能减排财政政策综合示范、电力需求侧综合管理试点、智慧城市等；第四个是面向国家层面的政策，包括工业化与信息化融合、物联网、智能电网、互联网+、能源互联网等。以下将对各个层面的政策进行详细的梳理，并阐述其与智慧能源的关系。不同层面的相关政策见图 2-2。

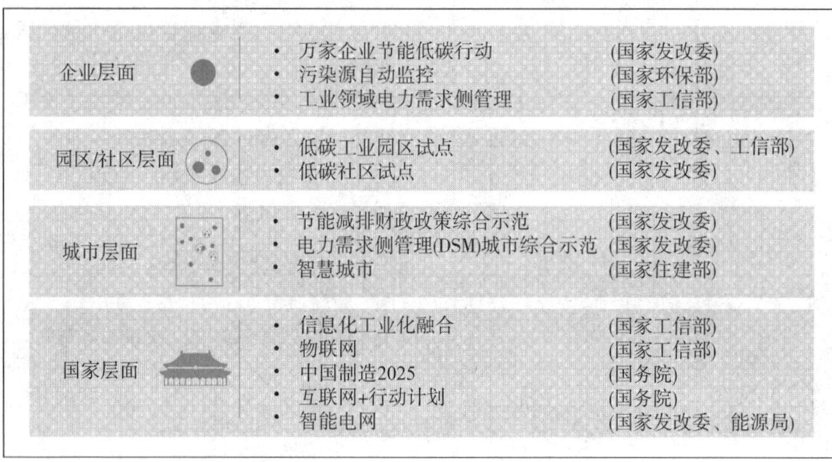

图 2-2　不同层面的智慧能源相关政策

2.2.1　企业层面

企业作为能源消费的基本组成单位，在节能减排中发挥了主体作用。在耗能企业内推广智慧能源理念与技术，不仅可以鼓励企业在经济效益导向下发挥自身技术和管理的优势，而且有利于政府探索有效的政策引导方式，为智慧能源的进一步推广奠定基础。目前，政府推动了万家企业节能低碳行动、企业污染源自动监控系统建设和工业领域电力需求侧管理。

（1）万家企业节能低碳行动

万家企业的节能减排工作是当前我国节能减排工作中的重要基础，万家企业的能耗占我国全社会能耗的60%以上。随着“十一五”和“十二五”前期我国在节能减排领域工作的深入推进，目前万家企业的节能减排已经取得巨大成效，但与发达国家相比仍有较大差距。为了进一步提高工业领域企业的能效水平，国家发改委引领了万家企业的能源管理体系建设，通过攻坚战的形式推进高耗能企业的能源管理。该项工作已经成为“十二五”末期和“十三五”阶段我国万家企业节能减排的关键措施手段。

与以往节能减排关注单个技术环节不同，企业能源信息管理体系要站在系统层面，对企业用能的整体环节进行综合监测、统计和管理，因此不仅能够实现全局化管理，更能实现不同环节的资源优化配置。企业通过在每个生产环节进行信息化建设，监测用能情况和设备运行情况，进而对企业的用能、生产、财务情况进行系统分析，从系统整体运行的维度推进节能减排。目前，建立能源管理体系已经成为对万家企业责任人进行考核的重要内容。

为了建立企业能源信息化管理系统，需要实现对基础能源数据的采集计量、实时监控和统计分析，进一步统筹调度资源，制定节能优化方案。具体的功能设计见表2-5。

为了具备上述功能，需要建立具备数据采集、传输、管理功能的技术框架。能源管理系统的技术框架设计如图2-3所示。

表 2-5　能源管理系统功能设计

功能	具体要求
能源计量	包括企业一级（集团）、二级（分厂）、三级（车间）、四级（重要耗能装置或设备）能源计量仪表，监测对象为电、气、水、煤、油、热（冷）等。
能源数据采集与处理	通过数据采集装置和工业网络将计量仪表的数据传输至上一级服务器。
能源监控	实时记录并显示能源采集数据库，掌握能耗数据，分析能源系统稳定状态，实现对用能设备和生产过程的实时监控、分析管理和及时预警。
能源统计分析	对现场端连续采集数据进行统计分析（同比、环比、对标、成本、能耗、关联分析等），进行能效对标。
能源平衡与优化	建立能源预测模型和优化调度模型，在线、实时提供准确的能源系统优化调度方案，并根据数据分析进行节能评估与方案制定。

资料来源：各行业企业能源管理中心建设实施方案，作者整理

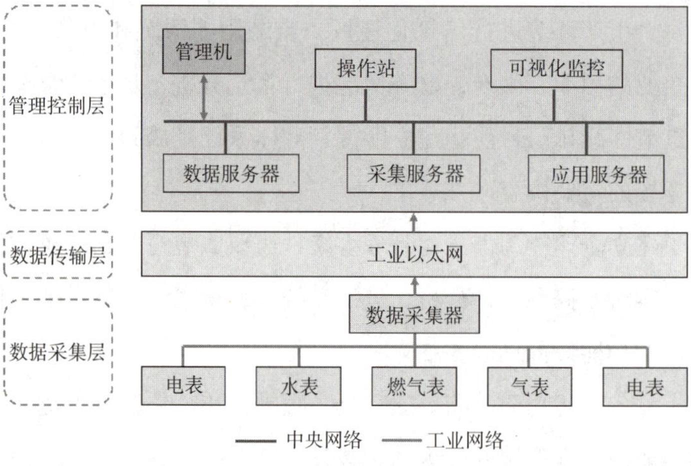

图 2-3　能源管理系统技术框架

考虑到不同行业实现以上技术和功能要求的特殊性，国家还针对不同行业制定了一系列行业认证标准。表 2-6 列出了目前国家制定的与能源管理体系相关的标准。

表 2-6　能源管理体系相关标准

标准编号	标准名称	发布时间
GB/T 23331—2012	《能源管理体系　要求》	2012
GB 17167—2006	《用能单位能源计量器具配备和管理通则》	2006
RB/T 101—2013	《能源管理体系　电子信息企业认证要求》	2013
RB/T 102—2013	《能源管理体系　纺织企业认证要求》	2013
RB/T 103—2013	《能源管理体系　钢铁企业认证要求》	2013
RB/T 104—2013	《能源管理体系　交通运输企业认证要求》	2013
RB/T 105—2013	《能源管理体系　煤炭采选业认证要求》	2013
RB/T 106—2013	《能源管理体系　水泥企业认证要求》	2013
RB/T 107—2013	《能源管理体系　公共建筑管理组织认证》	2013
RB/T 108—2013	《能源管理体系　家电企业认证要求》	2013
RB/T 109—2013	《能源管理体系　人造板及木制品企业认证要求》	2013

资料来源：中国知网，作者整理

各地政府根据自身情况出台了实施方案，目前已取得较大进展。以山东省为例，2013 年共有 20 家重点用能单位完成了体系文件建设或体系文件转版升级，其中 1 家完成认证，19 家进入试运行；2014 年又有 20 家单位进入第二批名单。北京市于 2014 年 10 月印发通知，要求辖区内 247 家重点用能单位必须在 2015 年底通过能源管理体系认证；市财政安排一定额度的财政资金，对通过认证的单位给予一次性资金奖励；但各单位作为体系建设的主体，是费用的主要承担者。广东省则将能源体系建设情况纳入对各市政府和企业的年度节能目标责任考核，作为加分项，进一步强化政策执行力度。

【案例一】

韶关钢铁在广东省的政策推动下启动了能源中心项目工程，在2010—2014年，以自筹的方式合计投资约2.5亿元，建成了企业内部的能源管理中心（其架构见图2-4）。工程由宝钢工程技术集团有限公司总承包，是韶钢节能减排的重点投资项目。通过数据的实时管理和智能分析，能源管理中心实现了对煤气柜、空压站、变电站的集中监控，这不仅提升了企业的信息化管理水平，而且提高了能源的利用效率。得益于此，韶钢每年可节约标准煤约11万t，折合原煤超过14万t，减少能源成本5000万元以上。2014年，韶关钢铁正式通过了GB/T 23331—2012能源管理体系认证。

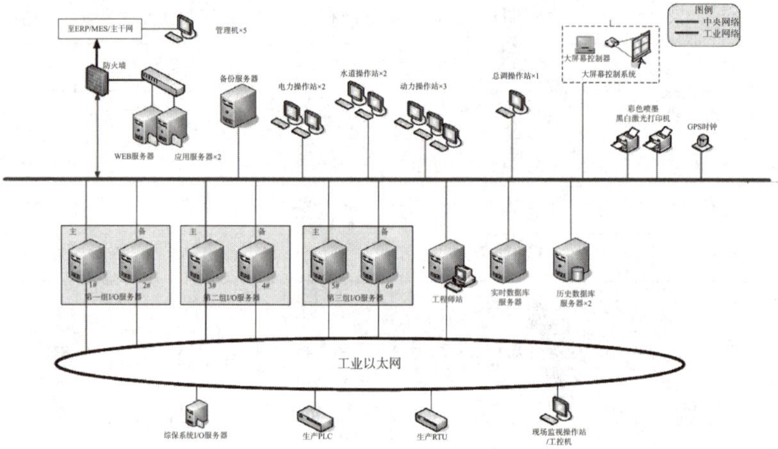

图2-4　韶关钢铁能源管理中心系统构架

能源信息管理系统是与企业生产经营的信息化直接关联的，其时间尺度基于传感器。然而，对万家企业的考核标准的时间尺度是以年为单位的。因此，关于企业如何利用该信息系统，政府如何监管企业实际的运行管理，目前还存在一定的不确定性，这也是万家企业能源管理系统推进的难点所在。

（2）污染源自动监控

污染物的信息化监测是我国环境保护和治理的关键抓手，为我国环境监察和环境执法提供了重要参照依据。污染物排放是能源系统最末梢的环节，信息化的监测体系相当于保护环境的最后一道闸门，因此对我国环境的长效监管和科学治理具有重要意义。从 2005 年开始，国家环保总局推进了污染源自动监控系统管理工作，目前已基本实现对全国重点污染源的全面覆盖。

污染源自动监控系统由自动监控设备和监控中心组成，其技术框架设计如图 2-5 所示。为了规范技术设计和评价体系，环保部颁布了一系列配套的技术标准和管理办法，见表 2-7。按照《污染源自动监控管理办法》，列入污染源自动监测计划的排污单位，具有在规定的时限内，按照技术标准建设安装自动监控设备及其配套设施，配合自动监控系统

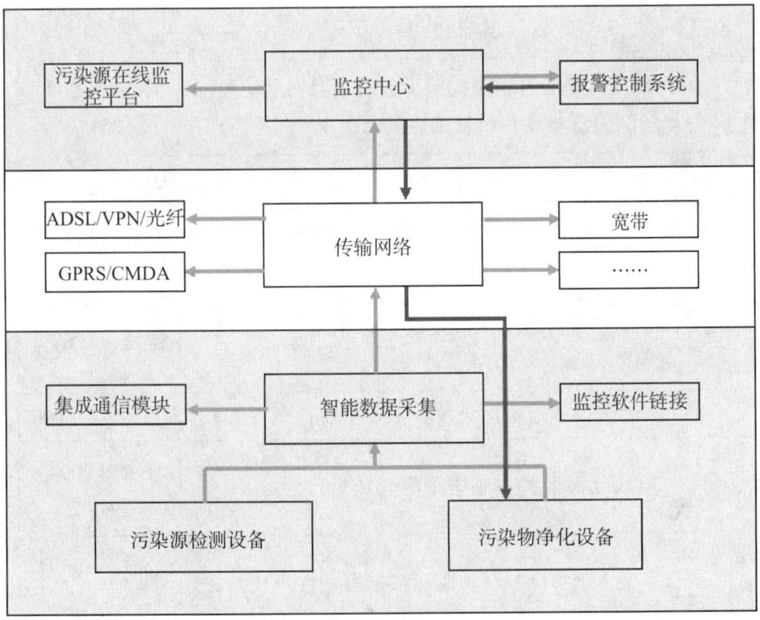

图 2-5　污染源自动监测系统技术框架

联网的义务。设备的建设、运行和维护经费由排污单位自筹，环保部门可给予适当补助。除此之外，国家还将污染源自动监控系统数据的保护纳入了《中华人民共和国刑法》中，确保监控数据准确、可靠。

表 2-7　污染源自动监控相关标准、政策名称

涉及内容	文件名称/标准名称	标准编号/文件号	颁布年份
废气排放监测	《固定污染源烟气排放连续监测技术规范（试行）》	HJ/T 75—2007	2007
废水排放监测	《水污染源在线监测系统运行与考核技术规范（试行）》	HJ/T 355—2007	2007
	《水污染源在线监测系统安装技术规范（试行）》	HJ/T 353—2007	2007
	《水污染源在线监测系统验收技术规范（试行）》	HJ/T 354—2007	2007
	《水污染源在线监测系统数据有效性判别技术规范（试行）》	HJ/T 356—2007	2007
数据采集传输	《国控重点污染源自动监控能力建设项目污染源监控现场端建设规范（暂行）》	环发［2008］25 号	2008
	《污染源在线自动监控（监测）系统数据传输标准》	HJ/T 212—2005	2005
	《环境污染源自动监控信息传输交换技术规范（试行）》	HJ/T 352—2007	2007
	《污染源在线自动监控（监测）数据采集传输仪技术要求》	HJ 477—2009	2009
	《污染治理设施运行记录仪技术要求及检测方法》	HJ/T 378—2007	2007
监控中心建设	《污染源监控中心建设规范（暂行）》	环函［2007］241 号	2007
检查监管	《国家监控企业污染源自动监测数据有效性审核办法》	环发［2009］88 号	2009
	《工业污染源现场检查技术规范》	HJ 606—2011	2011

【案例二】

由于煤炭、火电、冶金为主的产业结构导致污染严重，某省于2007年出台《重点工业污染监督条例》，以地方性法规的形式赋予环保部门对地方政府的环境监督权，为污染源自动监控系统远程执法提供了法律保障；并将污染源自动监控系统的建设情况纳入各级政府目标责任制考核内容，敦促地方政府切实开展工作。从2007年开始，该省共投资8亿元，在690家重点工业企业建成了污染源自动监控系统。系统平台端设在省级环保行政主管部门的环境监控中心，集成了5个子系统。省监控中心与市级监控中心采用点对点光纤连接，建立数据通信链路，形成国家、省、市3级重点污染源自动监控系统。系统的构架图如图2-6所示。

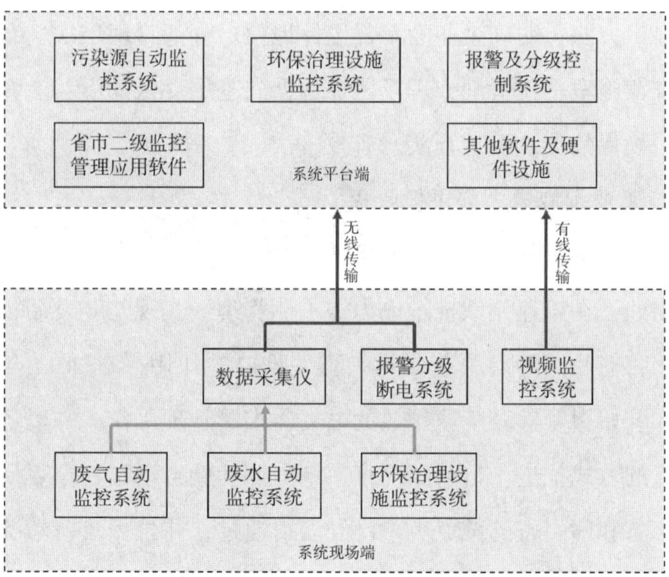

图2-6　某省重点污染源自动监控系统结构图

2013年，为满足《"十二五"主要污染物总量减排考核办法》中对数据传输效率的考核要求，该省对国控重点污染源自动监控系统数据传输架构及软硬件体系再次进行改造。省环保厅承担改造升级所需费用的50%，合计提供755.55万元的资金支持。

资料来源：环境保护部污染源监控中心

目前，污染源自动监控系统在技术和功能上已经有了较为成熟的体系，然而在管理层面仍存在一定问题。例如，由于自动监测设备尚未纳入计量部门的检定范围，在线监测数据作为收费或者处罚依据的时候，存在数据合法性的问题；因为多年来政府和企业共同推进监控系统建设，在责任主体方面定位模糊，于是设备建成后的维护管理工作中出现了推卸责任的现象；部分企业为避免受罚篡改监控数据等。为解决目前运行中出现的问题，国家应完善计量体系和工业生产中动态污染物排放超标的界定方法；明确企业的责任主体地位，理清管理层次；对污染源监控系统实施扁平化管理，现场监控数据向基层环保部门及上级环保部门发送，确保数据透明、真实、有效。

（3）工业领域电力需求侧管理

目前工业部门的用电量已经接近4万亿kW·h，是最大的电力需求主体。因此，在工业领域推进电力需求侧管理，实现工业发展过程的节能降耗，将对我国的能源革命具有至关重要的作用。自2011年起，国家工信部开始引领针对工业领域的电力需求侧管理工作，并以各省分别建立试点的方式推进。目前，北京市、广西壮族自治区、宁夏回族自治区、广东省和四川省的试点申请已经获得通过，并根据自身情况制定了相应试点实施方案。在财政方面，将制定一系列经济激励措施，例如，提供信贷支持、资金补贴和税收优惠政策，并设立专项资金。截至2014年底，全国共推行工业领域电力需求侧管理试点企业逾200家，实现用电成本有效降低总额约12亿元，节省用电量约20亿kW·h。

在推行工业领域电力需求侧管理的过程中，一个主要任务就是通过信息化来带动工业节电，推动节电技术和设备优化升级。通过建立企业层级、工业领域层级和省级的电力需求侧管理平台，并实现有效对接，来加快用能管理信息化建设，进一步优化电力资源配置，提高工业生产效率。

【案例三】

在宁夏回族自治区鼓励工业领域电力需求侧管理的政策推动下，京能宁东发电厂建成了电能监测平台。平台通过对锅炉效率、煤耗、发电量、厂用电等实时数据采集，结合水耗等其他能源数据，实现了厂用电平衡、辅机耗能分析和耗电率分析三大模块功能。该平台不仅能够实时准确记录数据，而且通过对数据进行分析和对标，实现用电专业化、标准化和精细化管理。此外，企业级管理平台与省级管理平台有效对接，为政府在区域的能源优化调度提供准确监测数据。平台的结构设计如图2-7所示。

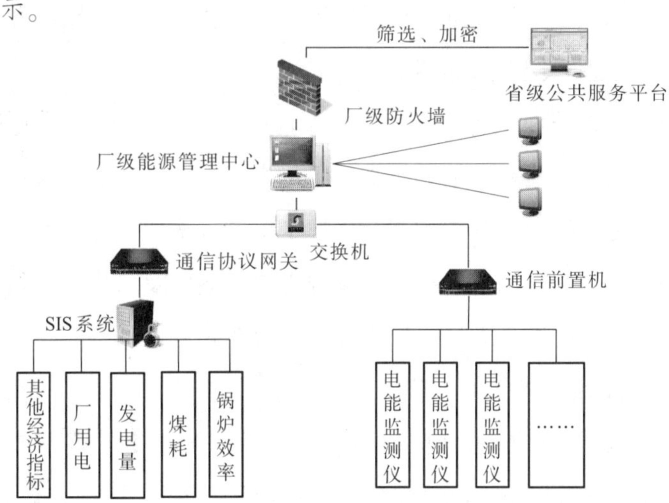

图2-7　京能宁东发电厂电能监测平台构架图

2.2.2 园区/社区层面

作为城市和企业的中间环节，园区/社区在有限空间内集聚了多个能源消费单位和能源消费品种，既可以在政策层面实现统一协调管理，又可以在技术层面实现跨企业、跨产业的综合调度。因此，园区/社区层面的建设是未来重要的发展趋势。

（1）低碳工业园区试点

低碳工业园区政策是近年来我国在推进节能低碳发展领域的一大创新。低碳园区建设主要以温室气体排放的监测核查为中心，基于对企业和产品的碳排放统计分析，开展企业碳排放的配额管理和交易机制。所以作为低碳工业园区的重要内容，碳排放的信息化管理是重要基础。

工业园区的碳排放信息系统不仅要求在企业层面实施可靠、准确的碳排放计量和统计，而且要求建立园区层面的信息管理系统，对企业的碳排放数据进行监控、核查和管理，进而确定碳配额分配，从而利用市场机制，鼓励企业参与碳排放交易，提升自身节能水平。园区和企业的碳排放信息管理系统关系如图 2-8 所示。

目前，发改委和工信部已经公布入选第一批 55 个低碳工业园区试点名单，试点园区将在政策上享受相应优惠政策，但政府尚未针对园区碳排放信息化建设制定具体的资金、技术支持方案。因此，建议相关部门尽快制定配套的技术体系标准、资金支持方案以及量化评价指标，为碳排放信息管理系统的进一步推广探索有效模式。

（2）低碳社区试点

社区结构是城市结构的细胞，因此低碳社区的建设将是城市节能减排的一项重要抓手。由国家发改委牵头的低碳社区建设行动，计划到“十二五”末在全国启动约 1000 家低碳社区试点，“十三五”期间择优

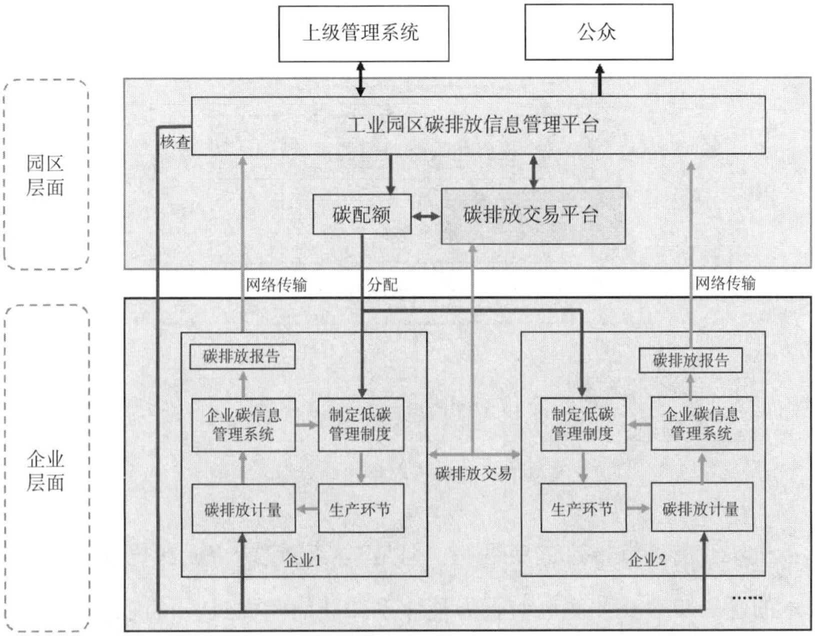

图 2-8　低碳工业园区碳排放信息管理系统关系图

建成一批“国家低碳示范社区”。目前，各级政府根据国家发改委发布的《低碳社区试点建设指南》，正在分批分级推进各区域的低碳社区试点选拔和建设工作。

建立碳排放管理系统、低碳能源系统和智慧管理平台是低碳社区建设运营的重要目标。低碳社区的碳排放管理体系要实现对重点用能设施的全覆盖，对社区的水、电、气等资源利用情况进行动态监测。低碳社区的能源系统是社区层面的能源管控中心，通过安装智能化的自动控制设施和推广智能化的能效分析系统，实现对家庭、建筑、社区公共场所碳排放的智慧管控。图 2-9 为低碳社区信息系统架构图。

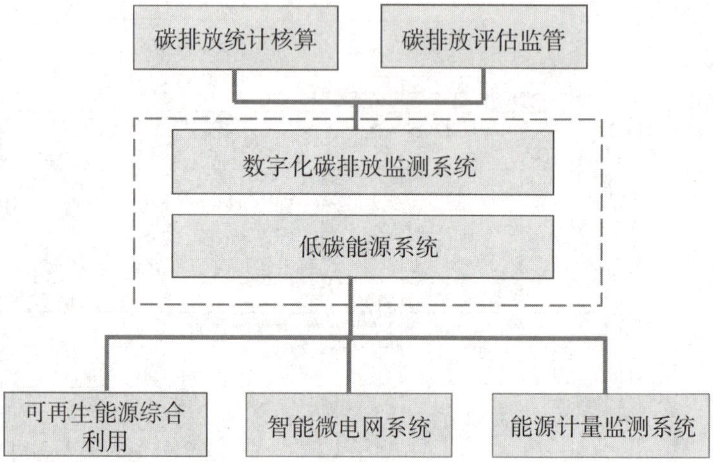

图 2-9　低碳社区信息系统构架

虽然目前试点推进进展迅速，但是试点建设能否成功仍取决于低碳技术的进一步普及和底层监督管理体系的建设。而且，目前低碳社区的资金运作方式比较单一，主要以政府财政补贴为主，不利于低碳建设的长期运营维护。未来还应通过能源体制改革和商业模式创新来激发居民节能减排的积极性，提高民众的低碳意识。

2.2.3　城市层面

城市往往包含较完整的能源供应链和多个能源品种，因此，在城市层面实施智慧能源有助于发挥信息化技术在能源优化利用方面的综合性优势和规模效益。目前，我国从国家层面以试点的方式推进了节能减排、电力需求侧管理和智慧城市等工作。

(1)“节能减排财政政策综合示范”

“节能减排财政政策综合示范”（下简称综合示范），是“十二五”时期我国进一步深化节能减排工作的一项重要政策。在节能减排工作中，对能耗和排放的监测是一项基础性工作。对此，综合示范要求各地建立节能监管体系，实现能耗统计、能源审计、能效公示及能耗监测等功能，实现基于信息化技术的用能单位与管理部门的对接。根据综合示范的指导意见，节能监管体系的监管对象最初主要是建筑；而随着各示范城市相关工作的展开，节能监管体系覆盖面得到了扩展，工业、轨道交通、照明等重要的用能系统也被纳入到监管体系中。根据目前的发展趋势，节能监管体系有希望发展成一个政府与企业双向互动的能源信息化系统（如图 2-10 所示）。该系统中，周度、月度和年度的企业能耗统计信息是数据主体，监管部门在能耗实时监测的历史数据的辅助下展开对这些统计信息的审计工作，对企业进行反馈，并向社会发布能效分析结果。此外，实时的监测数据还能辅助监管部门开展对企业的动态管理。

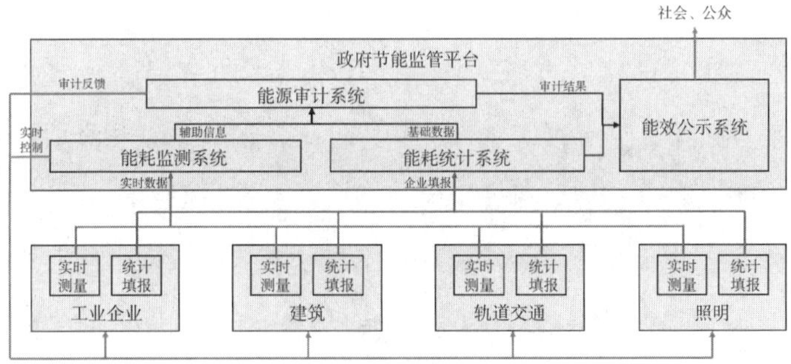

图 2-10　城市节能监管体系架构

目前，综合示范工作已经在两批共计 18 个示范城市展开，第三批 12 个示范城市的公示也已经在 2014 年年底结束。综合示范工作由中央财政支持为主，地方配套资金为辅。平均每个城市的中央财政支持力度约为 15 亿元~20 亿元。根据示范城市的具体实施情况，支持资金投入在节能监管体系建设方面的资金约占 3%~5%。例如，河北省石家庄市预计投入约 2.4 亿元建设“节能减排监管平台”，其中中央财政和地方配套各承担 50%，计划实现对 250 家重点用煤和环保企业实施能耗总量和排放监测重点监控。陕西省铜川市计划投入约 3200 万元建设“节能减排能源环境监测管理平台”，由节能减排综合管理、GDP 能耗统计信息、环境监测管理、能源与宏观经济监测管理等几个分平台组成。除此之外，杭州、长沙、吉林、新余等示范城市也将类似的信息化平台作为开展示范工作的重点内容。这些城市的工作大都超过了综合示范指导意见的要求范围，各地方政府的重视也说明了信息化系统在节能减排工作中的重要地位，它们在相关系统建设上取得的成果将为后续建立更完善的智慧能源信息化体系提供良好基础。

【案例四】

某市作为首批节能减排财政政策综合示范城市，将“数字能源”作为重点工程，以建立市能源监测管理中心的方式提高城市整体能源利用水平与效率。能源监测管理中心是对节能监管体系的扩展，把管理范围由建筑扩展到可再生能源、城市照明、工业、交通运输、环保等多个领域，形成了“1 个平台，6 个系统”的综合管理体系。该项目利用企业应用集成技术、实时数据库技术和实时数据分析与预测技术，为企业提供实时在线能源系统平衡信息和调整决策方案；通过对能耗数据采集计量设备与工业管理网络的改造升级，建立涵盖水、电、气、煤等各能源供需量、消耗量、回收量等信息的动态能耗数据库，对用能设备单元、能耗种类、能源生产、输配、消耗等环节实施集中监测与管理；推行可再生新能源入网管理，加快智慧技术在发电、输电、配电、供电、用电服务等环节的广泛应用。目前该监测管理中心作为典型示范项目已经完成招标工作，并将能耗、环境等监管权限按职责分工赋予不同部门行使。项目资金由市政府和国家奖励资金共同承担，其不同模块的投资、承建和管理情况如表 2-8 所示。

表 2-8 某示范城市能源与环境监测管理中心建设项目投资、管理一览表

子项目名称	投资规模（万元）	管理单位
监理竞争性谈判	60	某市能源监测管理中心建设指挥领导小组办公室
交通运输能耗监测管理系统	190	某市交通运输局
建筑能耗监测管理系统	370	某市住房和城乡建设委员会
新能源与可再生能源应用监测管理系统	310	某市住房和城乡建设委员会
环境监测管理系统	520	某市环境保护局
工业能耗监测管理系统	410	某市工业和信息化委员会
城市照明监测管理系统	200	某市城市照明管理处
综合管理平台与系统集成项目	2500	某市信息化服务中心
总计	4600	—

资料来源：招标网站

（2）电力需求侧管理城市综合试点

电力需求侧管理（DSM）概念于 20 世纪 90 年代引入我国，此后为应对电力供应紧缺问题，多次从国家层面推动 DSM 工作。而 2012 年启动的电力需求侧管理城市综合试点进一步扩展了 DSM 的内涵，将电能服务管理平台、能效电厂等技术纳入到了支持范围中。DSM 的精细化管理高度依赖于准确可靠的计量技术，电能服务管理平台和能效电厂则进一步需要基于信息的评估、分析、决策、控制工具的支持。可见，综合试点的开展有助于提高能源消费侧的信息化和智能化程度。而且，

DSM 概念不仅适用于电力，也同样适用于其他的能源品种。随着燃气、热力等能源系统信息化、精细化程度的提高，未来 DSM 有望发展成一个横跨多能源品种的综合性智慧用能机制。

【案例五】

各试点城市对 ICT 的利用各有特色。北京市针对大型公共建筑和园区集群用户推广主动需求响应平台，计划选取 50 个用户开展主动需求响应试点，期望利用大数据挖掘节电潜力。

苏州市则以苏州工业园区内的企业为主要对象，建立市级需求侧管理公共服务平台，接入近 400 家企业，涵盖最高负荷 125 万 kW，电能信息采集点近 1 万个，可实现 35 万 kW 的电力负荷转移。

唐山市结合自身高耗能企业较集中的特点，提出建设需求侧管理平台，将辖区内所有企业中 50kW 以上的设备全部安装数据采集系统，全面检测企业用电情况。

佛山市提出了“自动需求响应”的概念，计划在 2015 年通过电价政策和激励方式，依靠负荷侧自动响应，实现减少高峰负荷至少 6 万 kW，同时颁布了电力需求侧相应实施方案，要求建立需求侧响应平台，平台设计如图 2-11 所示。

上海市在 2014 年的夏季用电高峰期间，组织发动了 64 个试点用户参与到电力需求响应项目试验中，其中包括 33 户楼宇和 31 户工业企业，总可控容量超过 10 万 kW。通过试点的试验和研究，目前已经初步形成需求响应管理平台、建筑楼宇电力需求响应试点、工业企业电力需求响应试点 3 个子项目，并初步搭建起电力需求侧响应智能网络，开发了一批需求响应应用，探索了响应的机制和方法。据报道，2015 年，上海将完成全国首个电力需求响应中心建设工作。

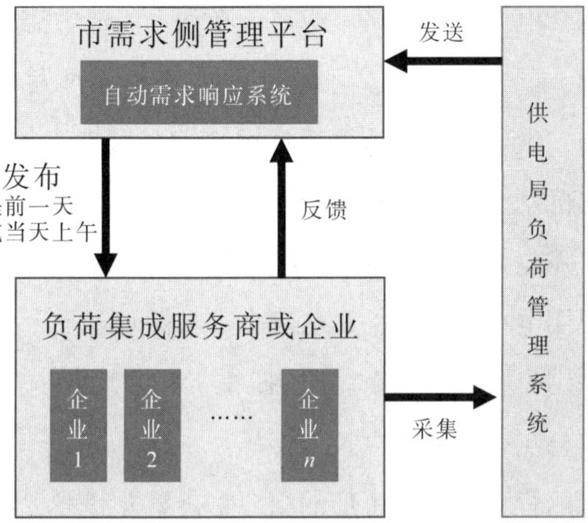

图 2-11　佛山市需求侧响应平台设计

资料来源：佛山市电力自动需求响应试点项目实施工作方案

综合试点工作由中央财政安排专项资金给予奖励，地方财政配套支持，资金的具体使用和安排由试点城市地方政府负责。奖励的范围包括：电能服务管理平台建设、能效电厂、移峰填谷技术以及相关的科学研究、宣传培训、审核评估等。其中，对永久性节约电力负荷和转移高峰电力负荷，东部和中西部地区每千瓦分别奖励 440 元和 550 元；对临时减少的高峰电力负荷，每千瓦奖励 100 元；但对不直接产生电力负荷转移效益的项目没有明确资金支持方式。目前，已有 4 座城市（北京、苏州、唐山、佛山）被纳入第一批试点，试点期至 2015 年年底。另外，上海成为唯一一个需求侧响应试点城市，将进行需求侧响应的技术和市场机制探索研究。各个试点城市均根据各自的工作重点及地方财政的配套力度，分别制定了更具体的财政政策，如北京市进一步细化了电力负荷转移的类型和相应的奖励标准，并提出可以对电能服务管理平台建设等项目提供财政补贴。

针对以上四个电力需求侧城市综合试点和上海电力需求侧响应试点的已有工作基础，国家发改委、财政部于2015年4月发布了《关于完善电力应急机制，做好电力需求侧管理城市综合试点工作的通知》，对于电力消费侧的机制探索从需求侧管理进一步发展为需求侧响应，更加市场化的方式保障电力供需协调。《通知》建议制定、完善尖峰电价或季节电价，实现用电在线监测，建立电力需求侧管理平台并接入国家平台，引导、鼓励用户实现用电在线监测，推广电能服务，为提高运行管理水平和增强应急响应能力建立技术支撑。

未来，需求侧管理与能源市场的结合将是重要趋势，随着用电成本特性发生变化，各用能企业将有更强的动机使用基于信息的电能管理服务，这也从侧面扩大了能源信息化的需求。

（3）智慧城市

智慧城市是我国为开创新型城镇化道路而提出的一系列政策的集合。事实上，能源的供给与消费体系是城市最重要的构成之一，因此智慧城市的实现离不开能源系统的智慧化。我国对于智慧城市的探索起于2012年，主要以城市试点的方式进行智慧城市建设初步探索，至今住建部共支持了277个智慧城市试点的建设（首批：90个，第二批：103个，第三批：84个），规划重点项目共近2600个，总投资超1.6万亿元。国家智慧城市试点创建期为3~5年，平均每个试点13~14个重点项目，财政投入20%，贷款20%，企业自有资金33%，社会资金27%，大城市投资规模平均为80亿元~120亿元，中等城市平均为30亿元~50亿元，小城镇则为5亿元~30亿元。

2014年，智慧城市发展进入快速爆发期，顶层政策进一步完善。中共中央、国务院印发的《国家新型城镇化规划（2014—2020年）》中，“推进智慧城市建设”一节明确提出利用信息技术促进城市经济社会发展深度融合，在“开展试点示范”一章中强调进一步推进智慧城市试点建设。同年 8 月，发改委、工信部印发《关于智慧城市健康发展的指导意见》，提出了更为系统和全面的顶层规划；要求建立城市环境信息智能分析系统，对重点排污企业和污染源进行智能化远程监控，推进智能电网的建设等，这为智慧能源在城市建设中的应用提供了政策机遇。

【案例六】

某市是第一批智慧城市试点之一，于 2013 年发布了智慧城市创建任务书，开始智慧城市的系统化建设。其智慧城市的建设围绕能源信息化的目标，分为智慧能源管理、智慧照明系统、智慧城市电务系统及绿色建筑管理四个重点项目，投资规模达 89500 万元。其中，财政投入 43500 万元，银行贷款 41000 万元，社会投资 4000 万元，其他资金来源 1000 万元。

智慧能源管理项目计划建设一个集中式能源站，针对城市能耗环节建立能耗采集终端及能耗监测网络，并开发能耗监测系统，预期实现对片区 90% 以上公共建筑、频率在 20 分钟内的实时能耗数据采集及分析。

智慧照明系统项目应用自组织无线网络通讯技术对城市主干道、景区景观及夜间照明灯具进行数字信息化改造，在城市公共区域配套包含开停、控制策略、故障报警等功能的智慧城市照明管理系统，实现照明的数据采集、自动巡测、按时间光照度、数据报表、优化节能控制等功能。

智慧城市电务系统项目应用自组织无线网络通信技术对居民小区、工矿企业及大型公共建筑的电表进行无线通讯技术信息化改造，并在此基础上建设片区智慧用电信息化管理平台及智能化管理变电站。

绿色建筑管理项目计划使用具有数据远传功能的计量仪表，对各单体建筑能源消耗按用途分项计量，通过建设监测平台，记录和分析单体建筑上传的数据，同时，对地源热泵、太阳能等可再生能源系统主要运行参数进行监控，并通过公共信息平台，发布运营监测结果，引导各单位绿色运营。

目前，各个项目还在建设中，表2-9为其各个项目的投资情况。

表2-9 某智慧城市试点能源信息化相关领域投资信息一览表

项目名称	建设起止年限	投资规模（万元）
智慧能源管理	2013—2016	12000
智慧照明系统	2013—2016	24000
智慧城市电务系统	2013—2016	48500
绿色建筑管理	2013—2018	5000
总计		89500

资料来源：招标网站

2.2.4 国家层面

为全面推进智慧能源领域的技术和路线探索创新，各部门制定了一系列面向国家层面的政策。针对信息化和物联网技术，工信部先后推动了两化融合和物联网专项行动，为智慧能源的发展奠定了一定的物理基础。2015年智慧能源进入快速发展的爆发期，国家层面的相关政策陆续出台，包括《中国制造2025》《互联网+行动计划》《关于促进智能电网发展的指导意见》等，而针对互联网+智慧能源的顶层设计《能源互联网行动计划》也在紧张制定当中。

（1）工业化与信息化融合

工业化与信息化融合（下简称两化融合）作为加快经济社会各领域信息化的重要推手，是围绕制造业和生产性服务业，从技术、产品、业务和产业四个层面进行的全方位融合改造。作为支撑能源工业行业发展的核心，信息化改造从耗能设备和工艺流程的智能化入手，加强对能源资源的实时监测、精确控制和集约利用，并推动建立企业能源管理中心和区域能效中心。国家工信部要求，到 2018 年 50% 的重点工业用能企业能源解决方案应用达到较高水平、节能量达到 5000 万 tce，并设定了两个时间节点的目标：2013—2015 年重点推广流程工业能源在线仿真系统、建设企业能源管控中心、开展实时数字能源试点，在石化、冶金等能源设备行业实施“数控一代”装备创新工程，针对节能减排的物联网集成创新应用试点示范并建设能源行业大数据平台；2016—2018 年重点推广节能减排信息技术应用以推动企业数字能源应用等级评价，并在发电、输变电、节能环保领域开展智能制造成套装备应用示范等。前期项目已有序开展并陆续落地，其中，两化融合促进节能减排重点推进项目于 2012 年确定首批 80 个名单，约 30 个项目与能源信息化直接相关。

表 2-10　全国两化融合促进节能减排重点推进项目投资信息一览表

项目名称	投资项目数量（个）
企业能源管控中心	17
地区能源监控平台	5
节能减排信息化服务平台	4
生产运行系统管控系统	4
国家电网能效管理数据平台	1
环保物联网应用示范项目	1
总计	32

资料来源：两化融合促进节能减排重点推进项目名单，作者整理

两化融合专项资金，以中央财政项目补助为主，补助金额不超过项

目投资总额的30%，补助额度不超过500万元；以地方配套资金为辅，同时引导国家政策手段的倾斜和金融机构及社会资本以分期付款、设备租赁、技术服务投资等方式参与项目。以某省两化融合信息化项目投资为例，2013年投资规模为1.7亿元，用于耗能企业、配电企业、工业园区的能源管理信息化服务平台的资金比例分别达到47%、12%和41%。具体见表2-11。

表2-11　某省2013年两化融合、信息化项目投资信息一览表

项目名称	建设起止年限	项目单位	投资规模（万元）
企业管控创新信息化项目	2012—2013	煤业化工集团有限公司	8000
配网自动化与信息管理系统工程	2013	地方电力（集团）有限公司	2000
园区公共信息服务平台建设项目	2013	工业园区管委会	1000
工业园区两化融合建设项目	2012—2013	工业园区投资开发有限公司	2000
园区信息化平台建设项目	2010—2013	科技集团有限公司	1000
基于物联网技术新兴产业园区信息服务平台	2012—2014	电子信息集团有限公司	3000
总计		—	17000

资料来源：政府项目公示网站

【案例七】

“苏州地区能源数字地图服务系统”（见图2-12）作为全国首批两化融合促进节能减排重点推进项目，尝试把信息化手段应用在节能领域中，获得了工信部节能司的高度评价。

“能源数字地图”是地区级能源管理网络服务平台，主要用来指导工业节能和减排。它采用了多种网页开发系统及地图系统，开发了国内首创的四级保密功能。该系统能够绘制苏州地区重点用能企业的各种能耗指标分布图，并提供能源数据的实施更新和监控，进行专业的数据分

析，既满足企业对自身能源利用率了解的需求，也成为政府决策的信息保障。系统采集的各项数据能够被具有相应权限的主管部门调阅，便于及时的政策微调、能源信息发布和与企业互动交流。通过二期系统开发的能源利用在线填报功能，还可以自动生成“某年度地区能源利用状况白皮书”，大大提高了政府管理和决策的效率。

据统计，2011 年系统覆盖能耗数据和经济数据的重点用能工业企业共计 549 家，综合能源消费量合计 4400 多万 tce，占到地区企业用能总量的 80%以上，截至 2011 年 10 月，实现总节能量 482.7195 万 tce。

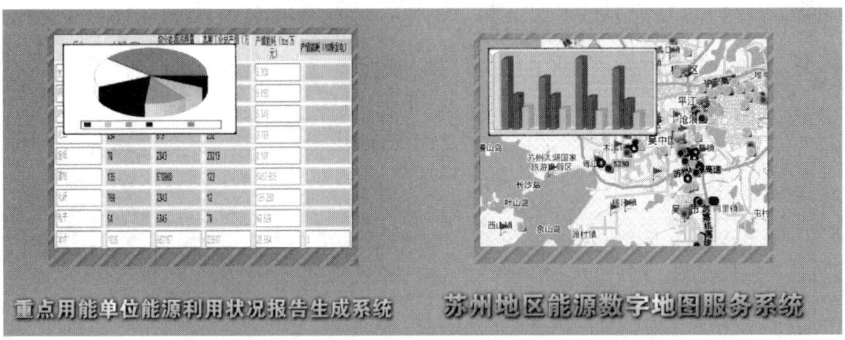

图 2–12　苏州地区能源数字地图服务系统

资料来源：苏州地区能源数字地图服务系统截图、重点用能单位能源利用状况报告生成系统截图

（2）物联网

为了加快推进物联网有序健康发展，工信部推动了物联网发展十大专项行动。信息化作为物联网发展的重要技术手段，成为专项行动的一项关键抓手。专项行动以应用示范工程的方式推动，主要针对能源、建筑领域的重点企业，开展节能减排、国家智能电网管理、国家油气供应和公共建筑物联网应用示范及传感网综合应用示范。在资金方面，以贷款贴息为主、无偿资助为辅。

物联网专项行动计划对发展目标、重点任务和技术体提供了方向指导，物联网相关技术的应用将为智慧能源发展提供重要基础支撑。在量测感知层，推进传感器和芯片技术的研发和数据集成，建立物联网标识技术、解析体系和技术框架；在通信交互层，构建面向服务的物联网传输体系架构，开发可扩展、跨平台兼容的组网技术；在分析决策层，研究数据感知、识别、表达、智能决策、跨平台开放处理、开放式的公共服务应用。这些基础信息技术的应用对于能源计量、统计和管理具有重要作用。

目前第一批物联网专项行动计划已经进入最后的攻坚阶段，各地也纷纷出台针对地方特点的专项行动方案。未来随着工业互联网的进一步发展，物联网与传统工业的融合可以更加深入，实现面向全产业链的规模化应用。

【案例八】

国家智能电网管理物联网应用示范工程（投资信息一览表见表2-12）是2012年发布的七项国家物联网重大应用示范工程之一，总投资约2.2亿元。该项目由国家电网公司科技部（智能电网部）组织实施，南瑞集团物联网技术中心提供技术支撑，山东、上海、江苏、浙江、福建、江西、辽宁、甘肃、宁夏等9个省级电力公司作为实施单位共同参与。工程以物联网、大数据、云服务等为技术依托，重点面向六个领域：输电设备及线路状态监测系统、输电线路无人机智能巡检系统、分布式发电及微电网接入控制、电动汽车充换电设施及运营管理系统、智能小区（楼宇）、智能园区。

电力物联网的建设规划分三个阶段：2012—2013年的规划试点阶段，2014—2015年的推广阶段，和2016—2020年的完善提升阶段。截至目前，国家电网公司已在总部和16家省网公司建立了输变电设备状态监测系统，实现对各类输变电设备运行状态的实时感知、监视预警、分析诊断和评估预测。在用户层面，智能电表安装量达1.96亿只，用电信息自动采集逾2亿户。

其中，浙江电力公司针对“分布式发电及微电网接入控制”项目开展了鹿西岛并网型微网示范工程，投资约4300万元。该工程建设了风光储并网型微网系统，包括风力发电、光伏发电和储能系统，并实现并网和孤网两种模式的灵活切换，当分布式电源可以满足用电需求时，微网控制系统将多余电量送入主网；当分布式电源不足时切换至主网供电。

表2–12　国家智能电网管理物联网应用示范工程投资信息一览表

项目名称	状态	项目单位	投资规模（万元）
基于物联网的分布式发电及微电网接入控制项目	建设中	山东电力集团	
基于物联网的分布式发电及微电网接入控制示范工程	试运行	浙江省电力公司	约4300
智能用电小区物联网应用示范	建设完工	上海市电力公司	
智能用电商业楼宇物联网应用示范	建设完工	上海市电力公司	
基于物联网的变电站智能化管理示范应用		宁夏电力公司	
电动汽车充换电设施及运营管理系统		辽宁	
输电设备及线路状态监测系统		江苏	
输电线路无人机智能巡检系统		福建	
电动汽车充换电设施及运营管理系统		江西	
国家物联网重大应用示范工程智能园区	建设完工	甘肃、浙江、江苏省电力公司	
总计			22000

资料来源：物联网示范工程项目公示网站

（3）中国制造 2025

智能制造将是新一轮工业革命的核心，而智能制造的优势是可以提高能源利用效率，降低生产管理成本，其实现的关键则是利用信息化技术来促进能源管理和生产管理的智慧化。2015 年国务院发布的《中国制造 2025》是我国制造强国建设第一个十年的行动纲领，引领了中国制造业的转型和发展。《中国制造 2025》提出制造业创新中心建设、智能制造、工业强基、绿色发展、高端装备创新五大工程（见图 2-13），包含新一代信息技术、节能与新能源汽车、电力装备在内的十大重点发展领域，以智能制造为突破点，进一步促进制造业与信息化的深度融合。

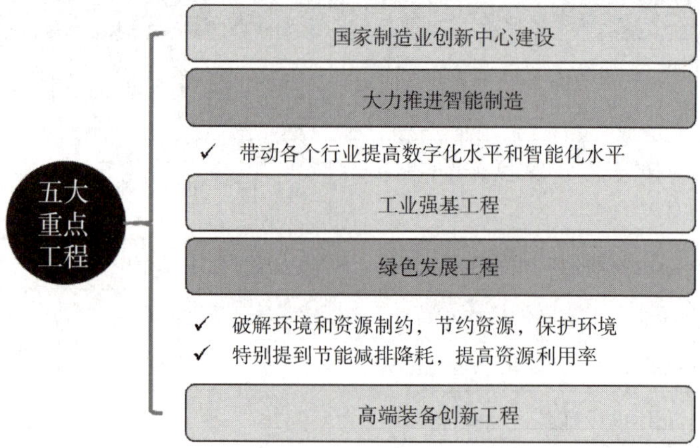

图 2-13 《中国制造 2025》五大工程

五大工程是《中国制造 2025》的具体落实方法，其中推进智能制造将制造业数字化、智能化作为主攻方向，通过智能制造带动整个产业链的信息化和智慧化；绿色发展工程则要求挖掘节能减排降耗、提高资源利用率方面的潜力，也给智慧能源在制造业中的应用开拓了发展空间。

目前，工信部已启动第一批工业强基工程项目，包括94个智能制造试点项目。以智能制造为基础，未来传统制造业将借助信息技术实现现代化转型，工业大数据和云服务等信息化平台将为工业生产提供更加智慧的服务和管理。

（4）互联网+行动计划

2015年3月，李克强总理在政府工作报告中指出要“制定‘互联网+’行动计划”，“互联网+”的概念得到广泛关注与认可。2015年7月，《国务院关于积极推进“互联网+”行动的指导意见》发布，提出了11项重点行动，其中第四条便是“互联网+智慧能源”。在智慧能源领域，《意见》明确了能源局、发展改革委、工业和信息化部的职责，提出推进能源生产智能化、建设分布式能源网络、探索能源消费新模式发展基于电网的通信设施和新兴业务等四点实施计划，为智慧能源的发展绘制了方向明晰的路线图。

《意见》提出的四点实施计划涉及能源供应、消费和基础设施建设三个方面。在能源供应环节，通过建立生产运行的监测、管理和调度的信息管理系统，利用大数据技术对生产设备进行耗能分析、预测和维护，实现生产环节的高效、安全、平稳运行；建设多能源协调互补的能源互联网并实现分布式电源的有效接入；在能源消费环节，探索绿色电力交易、碳交易、电力需求侧管理等能源消费新机制和新模式，建设能源消费生态体系；在基础保障方面，发展基于电网的通信设施建设，完善能源互联网信息通信系统。通过信息化方法建立能源生产与消费的双向对接，实现整个产业链的智能化。

除了“互联网+智慧能源”外，专项行动中的互联网+协同制造、普惠金融、绿色生态等均与智慧能源有相辅相成的关系。工业生产制造的智能化将为智慧能源提供更多、更全面的信息，而制造业中对能源的管理也会为智能制造提供新的信息依据；未来碳交易、电力交易等智慧能源新商业模式必须要依赖互联网金融的交易平台；绿色生态则要求建立能耗在线监测系统、污染物在线监测系统等信息化平台，这也是智慧能源体系的重要组成部分。

“互联网+”的核心特色就是资源的全面整合和跨界融合，因此各地方在制定具体行动方案时，也应充分发挥互联网思维，从整个产业链的角度布局，重点突破关键技术，充分整合多品种能源和产品的信息，分步、分阶段推进实施，最终促进能源市场化和产业绿色化发展。

（5）智能电网

作为能源互联网的重要枢纽，智能电网将是我国智慧能源发展的重要基础。早在2009年，国家电网就公布了《智能电网计划》，计划分三步推进“坚强智能电网”建设。在“互联网+”指导意见发布之后，国家发改委和能源局又发布了《关于促进智能电网发展的指导意见》，计划到2020年，初步建成安全可靠、开放兼容、双向互动、高效经济、清洁环保的智能电网体系。

与以往概念式地推广智能电网不同，新的指导意见更加注重需求侧的管理，强调分布式电源和微电网的点式接入，以实现清洁能源的充分消纳，提升输配电网络的柔性控制能力，满足并引导用户的多元化负荷需求。在技术方面，支持云计算、大数据、物联网和储能等关键技术突破；在标准方面，推广广泛适用的国际标准；政策方面，推动需求侧管理的进一步发展，并建立示范工程；市场方面，深入推进电力体制改革，以促进智能电网和电力市场互相作用、互相促进。智能电网指导意见政策框架见图2-14。

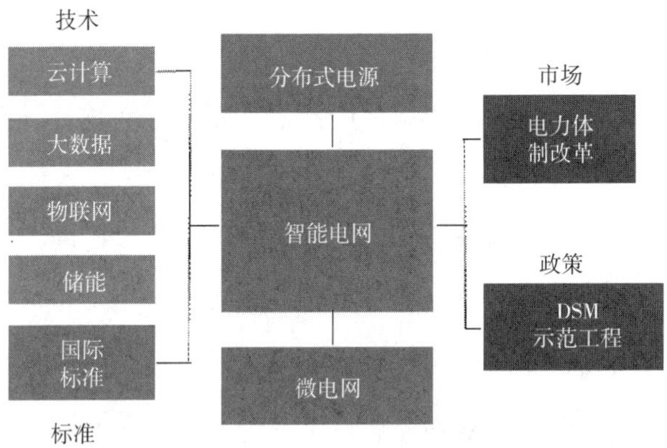

图 2-14　智能电网指导意见政策框架

智能电网的建设伴随新一轮电力体制改革的进行，其发展将为电力体制改革提供强有力的技术支撑；另一方面，电力体制改革也会为智能电网的发展提供巨大潜力。未来，大电网与微电网结合的智能电网将为更大范围的能源互联奠定坚实基础。

（6）能源互联网行动计划

自“互联网+”概念提出以来，有关能源互联网的研究和实践也不断升温。在我国目前能源消费与生产逆向分布的格局下，将传统能源产业与互联网对接的能源互联网将是重建能源生产消费格局，实现能源革命的关键手段。智慧能源作为能源互联的重要技术支撑，将在未来能源互联网的构建中起到决定性作用。

目前，由国家能源局牵头的能源互联网行动计划正在紧张制定中，已确定 12 个重点支撑课题。能源互联网是以电力系统为核心和纽带，构建的多类型能源互联网络，利用互联网思维和技术改造能源行业，能够实现横向多源互补，纵向源—网—荷—储协调的，能源与信息高度融合的新型能源利用体系。能源互联网概念与范围的统一，将对目前零散式发展的能源互联网实践尝试具有重要引领和整合作用。

在发展定位方面，行动计划将聚焦于如何在供应侧最大限度地利用可再生能源，在需求侧提升能源利用效率。以现存问题为导向，明确能源互联网建设的方式和原则，将为其实际落地提供方向和路线指导。

针对能源互联网的建设路线，将有三个层次的建设内容：第一个层次，实现多能源的互补、耦合，建立以电力系统为中心的智慧能源网；第二个层次，借鉴互联网的技术来发展完善现有能源电力系统；第三个层次，结合合适的商业模式和运作机制来推动能源互联网的发展。在建设模式方面，将通过示范区和试点建设的方式逐步推广，探索能源互联网领域的商业模式。

目前，已有很多企业开始布局能源互联网的建设，其中包括传统的能源公司和新兴的互联网公司。然而，如何将能源这种复杂的消费实体和虚拟的互联网进行有效融合，而不仅仅是用传统的互联网思维来嫁接或者是炒作“互联网+”的概念，仍是目前面临的重要问题。因此，行动计划的制定对能源互联网建设的规模化、有序化发展至关重要，而未来商业模式的创新、技术标准的统一仍需进一步的政策引领和指导。

第 3 章　智慧能源技术体系

对于未来智慧能源系统的技术框架和具体功能，目前很多机构都已开展了广泛而深入的研究。各方共识是：在未来，通过信息技术在能源生产、转化、传输、储存、消费各环节的深入融合，能源系统运行将更加协调、高效。然而需要认识到，智慧能源体系十分复杂精细，建设和运营都需要很高成本。在目前能源信息化水平较低，能源系统各环节条块分离的条件下，从无到有地建设智慧能源技术体系，需要科学谋划和整体设计。

本章基于对能源系统和信息系统融合的基本认识，从发挥能源信息价值的角度，初步设计了构建智慧能源技术体系的主要途径。能源生产、传输和消费者都可以按照相同的技术框架，分别部署智慧能源，然后按照一定的产品/服务规范和技术标准连接起来；而信息在智慧能源系统中的流动和共享，则有赖于一系列的商业模式和市场机制。

3.1　智慧能源系统=能源系统+信息系统

智慧能源系统就是能源系统与信息系统的深度耦合，依托信息技术来推进能源系统的高效和优化运行。鉴于能源系统和信息系统复杂性和各自运行规律，两个系统的耦合是系统工程，自上而下的顶层设计十分重要。

能源系统是能源生产和消费所有技术体系的总称，包括能源的生产、加工转换、传输配送、存储、终端消费等各个环节。能源系统是十分庞杂繁复的：在生产环节包括石油、煤炭等化石能源的勘探开发，以及核电、水电、风电、光伏发电机组运行；在加工转换环节包括燃煤燃气发电、供热、炼焦、原油炼制成品油、煤制气等；在传输环节包括电力输配网、石油天然气输配管网、热力输配网络等；在存储环节则包括天然气、热力，以及电力的储备、调峰和应急体系；终端消费环节则更为复杂，包括工业、建筑、交通、居民等各领域所有用能设备，如电动机、内燃机、所有电器设备等。

这样一个复杂系统的运行，需要在四个维度实现匹配。一是能源供需量的匹配，在终端需求驱动下，能源依次在生产、加工转换、传输配送、存储、终端消费各环节传递并实现供需平衡。二是时间维度的负荷匹配，由于电力和热力储存成本很高，终端不同用户的多元化需求要被即时满足。三是空间维度，能源资源和终端消费分布在不同地理位置，需要通过各种管网和交通工具运输实现匹配。四是不同品种能源之间耦合转化的匹配，需要把化石能源、风能、光能等品位低，不便于利用的能源，转化成便于终端能源使用的电力、热力等能源品种。

目前，能源系统内部信息流动不够及时通畅是能源系统面临的主要问题之一。例如，在上述匹配过程中，一直是依托各类能源企业，以能源上游被动满足下游需求的形式实现的，供应端的信息难以有效传导到需求端。这可能导致一系列问题，以电力系统为例说明：在电力系统内，发电企业发电机组出力要动态匹配负荷侧需求，这使得用电低谷时段发电机组发电效率低下，单位电量煤耗增加。如果能够将发电侧的信息传导到需求侧，切实推进需求侧响应，实现电网削峰填谷，则可以进一步提升电网的运行效率。因而，能源系统迫切需要信息系统的支撑，实现系统内信息的有效互联。

信息系统由计算机硬件、网络和通信设备、计算机软件、信息资源、信息用户和规章制度组成，能进行信息的收集、传递、存贮、加工、维护和使用。其中，信息的收集来源于底层的物理量测、人工输入和其他来源；信息传递依赖于信息网络，涉及网关、适配器、路由器、传输通道等；大规模的信息储存主要依靠数据库管理；信息的加工、应用依靠对信息的计算，主要依赖计算机、嵌入式系统等平台上的各类软件。

有了信息系统的精准量测、互联互通、数据挖掘等不同类型功能的支持，能源系统运行将更加精细化、系统化、智能化，运行效率将得到进一步的提升，这会在系统内各个环节得到体现。在终端消费环节，用能企业能够依托信息化手段，通过用能对标、技术改造等手段，实现更加精细的用能管理；在传输环节，信息化系统将降低输电网络、天然气管网的网络传输损耗，切实提升系统稳定性；在加工转换环节，可通过有效捕捉热力需求，可以在热电联产过程中调整热电比，使能效达到最优；在生产环节，风电场等新能源也将在信息化条件下进一步提升发电小时数，火力发电厂通过与需求侧的互动，实现削峰填谷，提升设备使用率，同时信息化手段对煤矿的安全生产等起到积极作用。

未来，智慧能源系统将在能源系统—信息系统—能源系统闭环结构下运行，这样的反馈结构使得系统更加高效。在不同的层级，都有对应的大小不一的反馈闭环：在终端用能层级，信息来源于系统各个末端，每一台发电机、电动机、用能设备都将安装传感设备和控制设备，实现终端设备的自动控制；在企业层级，上述信息汇聚成企业能源信息管理系统的信息基础，并支持企业进行能耗统计、节能改造、能效对标等不同功能，降低企业能源成本；在系统层，不同的企业与市场、政府在信息平台上有效互动，在更大的层面上实现供需匹配、优化配置，从而优化整个能源系统。智慧能源系统的运行如图 3-1 所示。

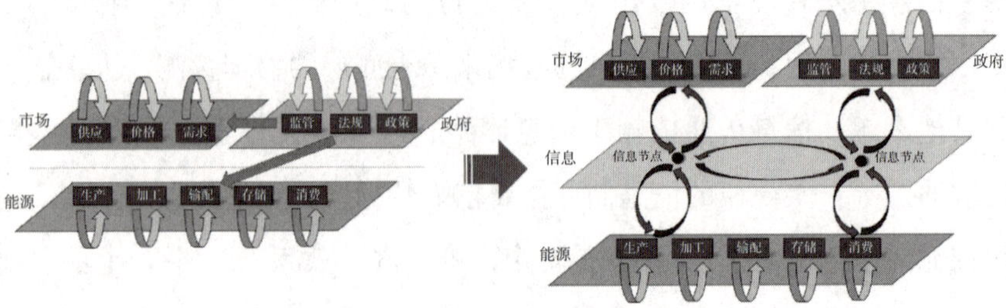

图 3-1　智慧能源＝能源系统+信息系统

除了运行层面上的能源系统—信息系统—能源系统耦合之外，智慧能源还将在系统内衍生出其他耦合关系：信息量测、传输环节需要彼此兼容，标准体系存在耦合性；能源市场上，供需双方紧密联系，不同类型的市场、不同品种的能源市场彼此相关，市场存在耦合性；同时，智慧能源系统内这些耦合将使得系统的运行更加稳定、高效。

3.2　智慧之源——激发能源信息多元价值

智慧能源系统的本质就是挖掘能源系统各个环节各个层面的信息，通过对这些信息的分析、决策和反馈，让能源系统运行更加高效、安全、合理、可持续。如果脱离了信息，智慧能源系统就变成了无本之木。梳理能源系统内的信息类型，明确系统内信息来源—传输—决策—反馈的组织框架，对于智慧能源体系建设至关重要。

然而，正是由于缺乏准确计量、广泛互动、价值挖掘，现有的能源系统并没有充分发挥出信息的价值。例如，南方冰灾体现了计量不够精准的问题，难以对系统运行全方位的状况进行全面精细计量。能源需求侧与供应侧缺乏有效互动，电力、天然气等品种的能源供应方被动响应需求方，系统运行效率低下。企业用能粗放，对能源的精细化利用和技术改造缺乏动力。

智慧能源的发展目标就是激活能源系统的信息价值。具体而言，能源系统内包括空间、时间、品种、品位、环境和经济等六方面的信息，这些信息价值的具体含义将在本节中展开说明。同时，本节还梳理了智慧能源系统包含的信息获取、广泛互联、智能决策、动态匹配、高效节能等五大核心功能。

3.2.1 能源系统的6类信息

信息是智慧能源的核心枢纽。从信息的角度看，智慧能源的各项功能本质上是围绕信息的获取、交换和利用展开的。这和能源革命场景下能源系统对信息支撑的需求是一致的。

能源系统是一个庞大的系统。它横向覆盖了供应侧到需求侧的供应链各个环节，又纵向覆盖了不同种类的能源，更复杂的是，它涉及了数量庞大、性质各异、不同行业的参与者。因此，能源系统的信息是纵横交错的，是一个拥有多个维度的信息几何体。从能源系统的特征出发，能源系统中的信息有空间、时间、品种、品位、环境和经济等6个主要维度（见图3-2）。

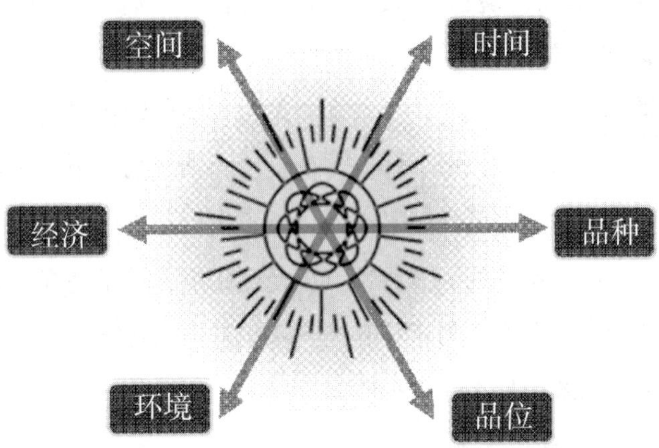

图3-2　能源信息的六个维度

（1）空间维度

空间维度描述的是能量在空间中的转移特性，反映了能源生产者和消费者在地域上的分布。由于能源利用需要传输，因而无论在宏观上还是微观上，能源的空间信息都影响能源价值：从宏观层面上，我国能源资源和需求逆向分布，包括水力、风力、油气等的重要一次能源分布在能源需求较小的西部地区；在微观层面上，工业园区和企业等用户内部在进行热能、电能利用时也需要对应的管网设施，传输过程中也同样会出现损耗。因此，能源在空间维度上的信息实际上反映了能源在能源网络中传输（管、网、交通）的路径，反映了能源传输的成本。

随着分布式能源设备的快速发展，主要能源集中生产的特征正在被逐渐打破，分布式光伏、光热、风力发电、燃气联供机组、储能等设施的出现大大减少了能源供给和消费的空间距离，使未来能源系统的空间特征呈现更复杂的形态。同时，用户也有对自身不同类型的能源综合利用进行规划、合理布局，减少不必要的投资及损耗的需求。在这样的形态下，明确能源供给消费的空间属性，将更有利于促进能源网络的合理规划、投资和建设，以及网络成本的合理分摊。

（2）时间维度

时间维度关注能源系统的平衡和动态过程。能源供需的平衡是保证系统正常运行的前提。以电力能源为例，电力系统的一个突出特征就是要时刻保证生产和消费的瞬时平衡，一旦平衡由于发电或负荷的突然变化而被破坏，电力系统的同步特性就会受到影响，严重情况下甚至引起系统解列和崩溃。虽然热力系统和燃气系统的惯性更大，对瞬时平衡的要求弱于电力系统，但在相应的时间尺度内，保持供需平衡对于管道安全、保持供热/供气质量等也有重要的意义。

能源系统的平衡除了和能源品种的自身性质有关，还和供给和需求的时间特性有关。工业、商业、居民、交通等不同领域使用能源的时间特性不尽相同，但同时都有内在的规律。即使是在一类负荷内部，也存在复杂的划分。如在工业领域，钢铁企业、电解铝企业以及芯片制造企业都有自己的典型负荷曲线；在居民领域，不同地区和季节的居民也有不同的用能习惯。随着可再生能源利用技术的发展，能源供给侧的时间特性也开始凸显出来，具有间歇性和随机性的风能和光能在电力系统、热力系统的大规模接入，增大了供需匹配的难度。

为了改善能源系统的运行特性，让能源在时间维度中进行转移是对能源在空间中转移的一个补充。能源在时间维度中的转移很大程度上是依赖我们对用能行为的调整，如需求侧管理、需求侧响应，当然还包括前文提到的各类储能技术。这些手段能够帮助能源系统实现削峰填谷，提高能源网络的利用效率，延缓能源网络的建设周期。

由此看来，能源的时间特性在维持能源系统的安全、稳定、可靠运行以及改善能源系统的经济性方面有重要的意义。因此，能源在时间尺度上的信息也应该被充分体现在未来的智慧能源系统中。

(3) 品种维度

品种维度，顾名思义，反映的是能源的种类。在传统能源系统中，不同品种的能源网络是相互割裂的，电力、热力、燃气等系统独立运行，互不干涉。因此，没有明确能源品种特性的需求。然而，随着能源转化和利用技术的发展，这种割裂的现状正在发生改变。

在欧洲，尤其是在英国，燃气机组占了发电机组的很大比例，因此燃气网络和电力网络就出现了较强的耦合。在考虑供需平衡、市场价格等问题时，通常需要将两个网络进行联合分析。而随着小型的燃气热电联产（CHP）机组、三联供（CCHP）机组、热泵等技术在园区和社区中的应用，局部网络中不同能源系统的边界也逐渐模糊。在终端用户侧，随着用能设备的成本下降以及分布式能源设备的部署，用户未来极有可能在不同能源的使用上拥有更大的灵活性和选择权，这也使得不同能源在供应链的终端实现“闭环”。能源系统的相互融合将进一步促使能源管理系统的相互融合，未来的能量管理系统（Energy Manage System，EMS）将实现跨能源品种的监视、分析、评估、调度和控制，因此，其中流动的能源信息也有必要添加能源的品种属性。

（4）品位维度

同一个品种的能源之间也有众多的区别，其中最重要的一个性质就是品位。狭义的品位是热力学中的概念，是指能量用于做功的能力大小。通常而言，温度越高的热源被认为品位越高，而电力的品位最高。品位的概念也在煤矿、金属矿、油气开采等领域被应用，用于表征矿物质中杂质含量的高低。近年来，品位的概念被推广到整个能源系统中，用于表示能源的质量。这一概念对于实现能源供给的科学匹配和梯级利用有重要意义。

能源的品位当然包括品位的狭义含义，但同时又有所拓展。例如，供热和供气的持续性和稳定性也可以用品位来区分；电能质量，如电压水平、谐波含量等，则可以作为电能品位的区分指标；当然，间歇性和不确定性的风电、光电和常规电源提供的可调节电能在品位上也应有所区别。

进一步，品位指标不仅仅针对供给侧有效，也可以用于描述需求侧的需求特征。如精密制造企业、医院、科研部门等，具有相对较高的需求品位，而包括灌溉、制冷等领域，需求品位相对较低。

对这些品位进行区分的重要意义是实现供需有层次的精确匹配以及成本的合理分担。对于一些低品位负荷，用高品位的资源去供给就违背了经济性原则；同时，那些具有高品位需求的能源消费者理应相应承担更高的系统运行成本。

除了有助于实现能源供给的科学匹配，明确能源的品位还能促进能源的梯级利用，在能源管理系统中明确能源的品位和相应的数量，能够指导系统运行人员和规划人员合理调整系统运行方式和结构，提高系统的整体效率。

（5）环境维度

随着环境问题的日益突出，节能减排已经成为能源利用的一项核心诉求。为了实现这一目标，在微观层面上，需要改善能源生产、传输和利用各环节的关键技术，提高能源的使用效率，部署污染物捕集、处理技术，降低能源利用对环境的直接破坏；在宏观层面上，要加快能源结构的调整，提高清洁能源、可再生能源的使用比例。要达到这些目标，需要合理的政策和机制设计，鼓励底层创新和行动。而大多数相关政策和机制都建立在能源在环境维度的属性被充分体现的基础上。新能源汽车获得在购车指标和补贴上的优惠政策，排放税、碳税的征收，都是量化能源环境属性的方法。

未来，能源的环境属性需要进一步精确的描述。产品的单位能耗/排放属性、单位资本的能耗/排放属性、单位生产力的能耗/排放属性、个人的能耗/排放偏好等等，都需要基于大量历史数据进行评估，以帮助我们实现更好的能源管理，设计更有效的激励机制。同时，政府也需要借助覆盖面更广的能源环境监测手段，以实现更全面深入的环境执法。

（6）经济维度

在能源生产和消费革命的背景下，经济维度将成为能源信息最重要的维度之一。在能源市场化的环境中，能源的各种属性都会投影到经济空间中，以使得市场获得恰当的激励。

能源在经济维度的信息主要可以分为两类，一类是成本信息，另一类是价格信息。

成本信息反映了能源从开采、加工、传输一直到使用的各种环节成本加成，是能源系统参与者决策的重要依据。正如上文所述，能源的成本还包括能源使用的环境成本以及其他相关的外部成本。实现主要成本信息的透明开放有助于促进能源市场的公平竞争和有序运行。

价格信息反映了能源市场的供求关系。在能源市场较为发达的国家，已经建立起一套包括物理市场和金融市场的完整能源市场体系，不同的市场在发现能源价格、分散/对冲风险方面各自发挥着职能，促进了资源的合理分配。有效的市场同时也是一个信息交换的场所，生产/需求预期、技术改进、政策机制改变等各类信息都可以通过改变价格而最终作用在能源系统的参与者身上，引起他们行为的变化。因此，智慧能源的实现离不开能源经济维度信息的充分流动和交换。

梳理上述 6 个维度信息的内涵、意义和可能的应用，如表 3－1 所示。

表 3–1　智慧能源 6 个维度信息的价值

维度	主要信息	关键意义	重点应用
空间维度	能源供给和需求的空间分布	反映供应和需求的空间分布，对应能源在空间上的传输过程	管网建设成本核算，分布式能源利用
时间维度	不同时刻的能源需求曲线	反映能源在不同时间的需求变化，对应能源系统在时间上的供需平衡	需求侧响应
品种维度	电力、热力、天然气等品种划分	反映能源的品种类型	热电联产、三联供等跨品种综合利用

续表

维度	主要信息	关键意义	重点应用
品位维度	热值等能源质量；电压等运行数据；持续性等可靠性指标	反映能源的质量、价值	管网系统调度，能源梯级利用
环境维度	污染物、二氧化碳排放量	能源利用产生的环境影响	污染物排放监管，碳排放监管
经济维度	价格和成本	体现能源开采、加工、传输、使用等环节的成本，反映能源的供求关系	能源市场，政府宏观调控和能源政策制定

3.2.2　信息实现价值的5个环节

信息在能源系统中的运行必须与能源系统的运行逻辑相吻合。具体而言，信息系统具体包括采集、传输、决策、反馈，形成一个闭环系统。信息系统的运行应包含5个主要部分，即掌握数据、广泛互通、优化决策、动态匹配、综合管理（见图3-3）。

图3-3　智慧能源系统的基本功能

（1）掌握数据

精确捕捉智慧能源系统中最基本的要素——数据。数据的种类不同，决定了数据的获取手段是多样的，具体可分为终端用能设备的物理量测、市场交易数据的记录、标准体系的有效对接等。

在3.2.1中，梳理了能源信息的6个维度，这涵盖了能源信息的基本属性。然而，仅仅具有上述属性是不够的，在数据获取中应重点关注3个方面：1）数据精度，不同类型的应用对于数据的精度要求不同，例如，终端计价需要较为精确的计量，而市场调控则需要粗线度的信息，数据精度要匹配具体应用；2）数据衍生，智慧能源系统中应用的信息，相当比例并不直接来源于物理量测、市场交易等，而是这些直接获取的数据衍生而成的，例如，企业用能管理中，并不会关注设备实时运行数据，而重点关注平均能耗、平均价格等计算得到的数据，在实践中需要衍生计算出哪些数据要与一个个具体应用紧密联系起来；3）数据存储，考虑能源数据是海量的，因而不可能把所有的数据都存储下来，有必要选取重点的运行数据及衍生数据记录下来，作为未来智慧能源系统运行时的数据来源，记录哪些数据、以何种精度记录要考虑系统的应用需求。

（2）广泛互通

依托智慧能源系统内信息的流动，实现智慧能源体系内不同参与者在多个层次的互联和对接。传统能源系统，信息传递主要沿着能源传输的方向单向进行，同时传递存在严重的滞后性，而智慧能源体系下信息传递将实现平台化，信息的交互、融合、对接将实时发生。

智慧能源系统中，各个主体的互联主要在信息系统和能源市场中实现：在信息系统内，能源供应商、管网系统、能源消费者等都将充分共享运行信息、需求信息、容量信息等，同时它们还都会对部分内部信息以类似于局域网的形式进行管理；在能源市场内，报价、交易本身就是一种互联关系，价格是市场内一切参与者行为的指挥棒，也是所有参与者连接的枢纽，每一个主体的行为都可能对其他主体接受的价格造成影响，所有的买家和卖家都通过能源价格的形式被联系在一起。

（3）优化决策

优化决策对接智慧系统中的各个关键应用，能够自适应地进行能源设备管理，并对中长期能源策略选择提供参考。以电网调度为例，随着自动化水平的不断提高，电网调度依赖人工的情况将越来越少，调度员的工作将被虚拟的智能设备取代。考虑电网崩溃事故通常是由低电压等级的故障逐渐扩展导致的，智能设备参与调度使得系统可观性更强，可以关注更多、更精细的数据，这将进一步提升系统的安全可靠性。除运行层面外，智慧能源系统还应能对运行数据进行深入分析，通过形成衍生数据支持企业中长期能源策略的选择，并对接政府能源政策制定。

（4）动态匹配

动态匹配功能重点关注能源系统内供需、时间、空间和不同品种之间能源的匹配问题。智慧能源能够有效解决系统内不同环节、不同参与者之间的信息不流畅、各自为政的问题，让不同的参与者的利益诉求、服务成本和取得的收益透明。动态匹配的主要实现手段是合适的价格机制，这将使系统内参与者自发地有效互动起来。

电力系统内的需求侧响应是动态匹配的最典型例子。目前，发电侧被动匹配负荷需求，峰谷时段用电量差距较大，这导致发电设备利用率存在巨大提升空间。在价格机制的激励下，用户将用户高峰段负荷转移至低谷段，这将降低发电端的成本。需求侧响应最可能的实现方式是发电端设备运行状态有效传导给调度部门，调度部门依照系统运行状态及与用户提前签订的合同执行需求侧响应，实现上述步骤依赖智慧能源系统。除需求侧响应外，储能调频、容量市场、电动汽车优化充电等也都是动态匹配的具体实例。

（5）综合管理

提升终端企业用能效率。基于智慧能源的海量数据，用能企业对于自身能耗成本、能源使用情况、外部能源环境等了解更为深入，提升能效找到了切实抓手。具体而言，企业提升能源使用效率、降低能源成本主要依赖以下几类手段：1）合理安排生产计划，考虑不同时段、不同品种能源价格的差异，优先选择低价能源品种，并在能源价格低的时段用能，将促进企业降低成本，这可能需要智能终端实现无人化管理或远程管理；2）推行考核机制，提升能源使用的精细度，借助精确的能源计量，可以对不同的生产单位进行能源使用考核，提高企业能源管理水平，促进终端工人自发地节约能源；3）能效对标，进行节能改造，通过企业内部不同生产线之间的对比及与其他相似企业的横向对比，查找企业能耗过大的环节或设备，推进技术改造；4）参与系统互动，赚取服务费用，与外部能源系统有效对接，通过参与需求侧响应、负荷量交易等形式，赚取服务费，降低成本。

3.3 积水成渊——罗织智慧能源的网络体系

从上面的分析可以看出，智慧能源系统将是一个十分复杂的系统。这一方面是因为能源系统和信息系统本身就十分复杂，两者的耦合更使得智慧能源系统复杂度急剧增加；另一方面也是由于智慧能源系统集成了多种功能和应用，还对接政府和能源市场，这使得智慧能源系统的运行变得繁复。智慧能源的复杂性，决定了从无到有的建设智慧能源系统需要高屋建瓴的顶层设计和细致全面的实施路径规划。

要建设这样一个复杂的系统，绝非一蹴而就，需要多方通力合作，“独立建设，连接成网”将是智慧能源系统发展的必然路径。无论从投资层面，还是从执行层面上看，任何企业以及政府部门，都无法独自完成整个系统的建设。同时，由于不同的企业通过智慧能源系统获得的效益不同，企业的实际情况也各不相同，也难以通过统一投资的方式推进智慧能源系统的建设。智慧能源系统内，政府负责搭建统一的技术规范、市场平台等，而各个企业则依据自身的能源消费特点、能源管理需求，设计、实现满足自身需求的能源信息管理平台，在此基础上与外部对接，连成智慧能源网络。

在这样的发展模式下，智慧能源系统就需要一个通用的框架。推进智慧能源建设的初期，就要考虑连接成网的问题。如果缺乏统一的框架，那么不同的企业就难以对接：在技术层面，标准的缺乏使得信息的传输面临问题；在运行层面，功能不对接、框架不匹配会使得企业各自为政，难以组成网络框架。同时，统一的框架使得管理系统的标准化建设和运营成为可能，这将催生专门的智慧能源系统建设公司，在不同的企业内推广具有相同架构的子系统，从而在系统层面上避免重复建设，节约成本。

构建智慧能源的通用技术框架，应当遵循3个基本原则，即简单高效、互联互通、向前兼容。

（1）简单高效

智慧能源系统各用户内部管理架构的设计应当遵循简单高效的原则。具体而言，简单高效的框架设计将具备以下特点：①普适性，能够用一套架构满足不同用户对于能源管理不同的需求；②节约性，系统结构简单，可在能源系统内大规模复制，避免重复设计带来的成本；③拓展性，一套系统架构可以根据用户需求的变化增加或调整系统具备的功能，不必因为需求的变更而再重复建设。

（2）互联互通

智慧能源系统各用户之间存在连接成网的需求，因而通用的智慧能源系统应具备互联互通的能力。能源系统中，不同的用户之间存在着强烈的互动关系：他们有的存在物理的链接，彼此之间是能源供应链上下游的关系；有的则在功能或市场上存在耦合关系，每一个个体的决策都会影响其他个体面临的外部条件。智慧能源系统就是通过信息系统实现能源系统中各个节点的连接，架构设计也要支持各子系统之间的互联。

（3）向前兼容

智慧能源系统的功能设计要牢牢依托于能源系统的各个关键应用，因而智慧能源系统功能设计应该对接现有若干重要的能源系统管理功能，例如，电网调度、安全监控、政府监管、企业用能管理等。同时，有很多钢铁、水泥企业已经在开发应用内部能源管理系统，智慧能源系统不能脱离这些有益的尝试，而要在这些工作的基础上展开。

3.3.1 智慧能源的普适性架构

信息的采集、处理和利用是所有信息系统的共同基本功能需求，对能源系统的各用户而言也不例外。虽然，每一个个体所面对的信息种类、数量、频率不同，对信息的处理能力不同，最终的应用需求也不同，但这类信息系统仍然存在一个具有普适性的基础架构。

对照信息系统的基本功能需求，结合信息系统的运行逻辑，这个普适性的基础架构可以分为感知控制层、平台层和应用层等三个层次（见图 3-4）。

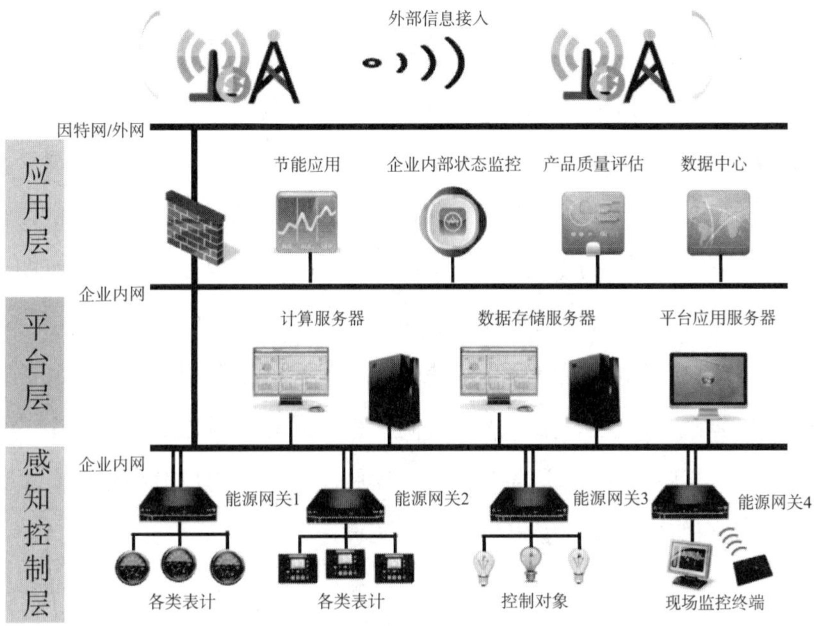

图 3-4 智慧能源的普适性架构

（1）感知控制层

感知控制层类似于人体神经系统的末梢（包括感受器和效应器），是信息系统与实际物理系统的耦合面。首先，各类物理信号在感知控制层被转化为数字信号再被传递给上层。最后，由“神经中枢”处理产生后的指令被反馈到感知控制层，通过“效应器”作用在物理系统上。经过这一过程，信息系统对物理系统的管理在感知控制层形成闭环。

感知控制层通常由传感器、控制机构、网关设备和一些集成的运行设备共同组成：对于分散的传感器和控制机构，技术上往往会通过网关设备接入网络，并实现通信协议的转换和对接；同时，众多新型的运行设备现在也集成了大量传感器，并提供了远程控制接口，它们可以直接接入以太网中，构成感知控制层中的“合并单元”。

（2）平台层

平台层是信息处理的基础功能的集合，信息的运算和存储是平台层的最基本模块。但平台层的组成也不限于此，对于一些特定的信息化系统，操作系统、用户界面、数据可视化以及一些基本的信息预处理（坏数据辨识、状态估计、历史数据分析、告警）等相对标准化的功能模块也可以被划分在平台层中。也就是说，平台层虽然和感知控制层有明确的物理边界，但和上层的边界相对模糊。

平台层的基本组成是运算模块和数据库，但根据用户数据量、数据使用的实时性以及运算量的需求不同，中间层有多样化的配置方案。分布式计算/存储、云计算/存储技术的发展，更是为用户最小化信息系统成本，提高信息系统性能提供了丰富的选择。

（3）应用层

应用层则是各类定制化的能源管理应用，包括各类评价分析、最优计划、动态控制等。应用层从平台层获取所需的信息，同时向平台层分配运算任务，运算的结果一部分通过人机界面展现给使用者、运行人员和管理人员，另一部分作为历史数据保存下来。此外，一部分控制指令则直接通过网络传送到感知控制层执行。

应用层没有具体的物理实现，它由大量建立在给定操作系统和平台上的软件组成。应用层的设计应该以开发的便利性、可扩展性和低成本化为目标。而合理的架构设计正是通过标准化的功能划分和接口管理，使得一些应用的共性基础被提取出来，形成平台层的一系列具有开放接口的基础服务，从而实现了应用层软件开发最大程度的轻量化。此外，这种设计将应用层和平台层的开发有效解耦开，有利于促进应用创新和相关市场竞争。

本质上，无论是感知控制层、平台层还是应用层，它们都是在和数据打交道，但数据在这三个层面的性质却有本质的区别。在感知层控制层，数据是以信号的形式存在的：传感器送出的测量信号，控制器接收到的控制信号。这些信号本身并没有明确的内涵。在平台层，数据是以信息的形式存在的，经过预处理和整理后的数据开始具有一定的物理含义。在应用层，信息是以知识的形式存在的，经过了运算和分析后的信息变成了具有明确意义的知识，对这些知识的利用形成了判断、决策和反馈。这种数据形态某种程度上也可以作为架构分层的一种辅助标准。

基于这样的架构，很大程度上，上层应用的丰富程度决定了一个用户的智慧能源系统的“智慧程度”。当然，通用架构的设计目的不在于对各类用户的“智慧程度”进行规定，而是为他们扩展应用、提高“智慧程度”提供了一个体系化的环境。有前瞻性的开展这样的顶层设计能够一定程度上避免智慧能源领域在发展初期出现的无序探索和资源浪费，还能够整合产业资源，避免智慧能源产业出现类似传统能源系统的隔离情形。

3.3.2 连接成网——智慧能源的网络化发展

如前文所述，从能源系统的分工角度来看，智慧能源体系中各个用户是立体分布的。然而，从信息化系统的角度而言，这些主体的分布却是高度扁平化的——它们都通过接入互联网而实现与外部的交互。因此，在设计智慧能源的体系框架时要遵循互联互通的基本原则，在实践中可借鉴互联网的发展思路。

在前文所介绍的智慧能源普适性架构下，可以预见各用户连接成网变得更加便捷和高效：系统可拓展性强，应用智慧能源系统可以满足用户不同的需求，其中诸如需求侧响应等功能需求必须与外界对接，用户有动力联网；系统架构和标准统一，不必专门开发与外部通信的模块，降低各用户的联网成本。因而，智慧能源系统内用户采用统一的架构是联网的重要基础，也是为了智慧能源网络落地生根的切实保障。

然而，现阶段智慧能源的实践大多是面向个案的。智慧能源的互联特性通常不是项目用户和开发者的重点关注。考虑智慧能源连接成网切实的功能需求，智慧能源网络应具备以下特征：

（1）接口开放

每个接入网络的智慧能源子系统应当将接口的开放以及交互协议的标准化考虑在设计中。接口的开放是基于功能定位的，例如，一个企业级能源管理系统，应当开放其一级计量数据、污染物排放检测数据的访问接口，以便于政府和相关机构开展监管工作；若企业将其可中断负荷加入到当地的需求侧响应/管理项目中，企业的能源管理系统还要开放相应的负荷控制接口。为了降低智慧能源体系的联网成本，这些接口的交互协议应当是高度标准化的，在这方面有很多现有的工作可以借鉴，如环保部已经制定的 HJ/T 352—2007《环境污染源自动监控信息传输交换技术规范（试行）》，以及需求侧响应领域的 OpenADR 标准等。

（2）即插即用

即插即用是互联网的一个显著特征，任何一台互联网设备，只要接入网络，就可以方便地获取网络资源，和网络中的其他设备实现交互。即插即用的基础除了上文提到的兼容性接口外，还有个体的自描述、自配置。也就是说，要建立一套通用的“语言”使得联网的个体能够自我明确自己的身份、基本特性和功能。例如，一个新增的分布式储能设备并网后，不再需要向当地电网运行部门进行复杂的报装、注册等工作，只需要将这个储能设备的管理系统连入网络，它就会自动地访问当地的电力公司管理系统，完成注册、模型上传等工作，并明确自身的接口，确定和电力公司之间的业务模式。

(3) 高效、安全的信息管理

智慧能源的联网应当关注数据量和信息安全。能源系统的数据是天量的，这些数据如果在未来都涌入互联网，产生的影响是难以预知的。一个经典的案例发生在电力系统中，电力调度目前使用的是专网，电力调度部门借助这一网络实现内部通信，同时从各变电站、开关站获取量测数据，并通过这一网络下发控制指令。对于传统电力系统而言，这个网络的传输能力已经足够了。但从 21 世纪初开始，一种新型的量测设备 PMU（Phasor Measurement Unit，相量量测单元）出现，其采样频率（100Hz）远远高于传统的量测的采样频率（0.1Hz～1Hz）。在理论上，这种设备能够帮助运行人员实现对电网更精细的控制，但在工程实践中发现，当网络中 PMU 的配置数量达到一定程度时，调度数据网根本就不能承受 PMU 数据的实时传输，若不采取流控措施，PMU 数据甚至会挤占其他常规应用所必须的网络资源。因此，在开展智慧能源系统建设时，应当对数据传输的需求进行预先的判断，并依此对网络资源进行前瞻性的投资，并通过分布式存储、运算、控制技术，最大程度上节省网络资源。

同时，智慧能源本质上是一个信息-物理耦合系统，一旦信息安全问题（信息系统故障、信息攻击等）直接或间接引起物理系统的安全问题，代价可能是极其高昂的。这些问题在学术界已经被广泛讨论，在智慧能源发展、能源系统信息化程度不断提高的环境下，也应当引起工业界和政策部门的高度重视。

结合前文的分析，可发现智慧能源系统内的网络在结构设计、功能需求、运行逻辑上与现有的互联网具有非常高的相似性。以互联网架构为基础，描绘智慧能源网络架构如图 3-5 所示。

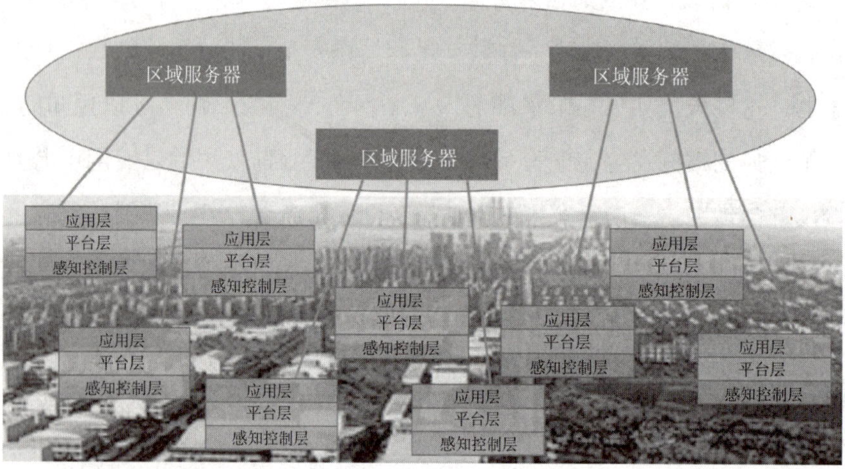

图 3-5　智慧能源网络架构

3.3.3　通用架构对现有智慧能源应用的适应性

智慧能源的实现是循序渐进的，因此整个智慧能源的联网架构也将是一个由点到面的过程。通用架构的设计一方面是为未来智慧能源发展提供路线图，另一方面也充分考虑智慧能源产业的现有进展，保证对现有应用的最大兼容性。

目前，智慧能源领域最为活跃的应用包括：企业能源管理、能源管网运行管理以及需求侧响应等。下面简单讨论这几项应用的特点并探讨通用架构对它们的适应性。

（1）企业能源管理系统

企业能源管理系统是智慧能源系统面向终端能源消费的一个应用，目的是实现企业能源利用的精细化管理，以辅助企业进行能源成本优化或满足监管部门的监管要求。目前，以“万家企业”为主要群体的大型企业都在国家政策的鼓励下或多或少地开展了企业能源管理系统的建设，其中又以部分高耗能企业为代表，开展了企业能源管理的丰富实践。例如，酒泉钢铁集团在其旗下的一个钢铁冶炼基地建设了覆盖整个工艺流程和自备机组的能源信息化管理系统，实现了对能源利用的全过程精细化管理；而中电投在蒙东建设的孤立铝网甚至投运了一套复杂的风电-火电-电解铝协调控制系统，最大程度上利用风电进行高耗能产品生产。

虽然企业能源管理系统的实践多种多样，但基本是符合智慧能源个体的通用架构的。下面同样按照分层的顺序分析企业能源管理系统的主要组成。

1）感知控制层。该层由分布在企业中的各种测点、控制对象和一些现场的监控终端共同组成，处在企业生产一线。其中，常见的测量包括温度、湿度、压力、压强、电压、电流、功率、光照以及一些设备的开关状态、挡位、具体运行参数等等。这些测量值在合适的模型和分析工具下可以帮助运行人员还原现场的生产进度、能耗情况、排放值、设备状态等等。常见的控制对象包括各类开关、阀门，以及空调、照明和其他生产设备等，各类终端的测量和控制设备往往通过网关接入企业的内网中，当然一些封装程度较高的智能设备也有可能直接联网。

2）平台层。根据企业能源管理系统的规模大小，企业往往会配置一定数量的服务器，对于小型的企业而言，单台或者少量的服务器就可以满足运算和存储的需求，服务器可以没有明确的分工。但对于大型的企业，平台层的配置就会大大提高，甚至会建立专门的数据中心，服务器也会按照性能存在专门的分工。此外，一些企业甚至可以根据自身的财务和管理偏好将平台层建立在云端，使用公用的存储和计算资源。平台层为应用层的开发提供了环境和基础应用接口。除了运算和存储功能外，企业平台层的典型应用还包括：设备建模和参数库、历史数据统计和分析、企业用能监视和故障告警等。

3）应用层。应用层的应用则是高度多样化的，其中，最基本的应用包括节能控制、生产状态监控、产品能耗评估、人员能耗评估、节能潜力分析等本地化的应用，以及能源市场交易、企业能耗填报等与外界存在交互的应用。

可以看到，上文提出的智慧能源通用架构和目前企业能源管理系统的设计思路是相适应的。但是，这些企业能源管理系统在设计和研发过程中体现出的共同问题是忽视了与外界交互的重要性。这也与目前我国能源市场未完全建立、监管部门与企业交互方式不清晰、能源服务市场尚未形成等有关。

（2）能源管网运行管理系统

能源管网运行管理系统针对能源系统中的输配环节，重点关注管网运行的安全性和可靠性需求。以电力网络为代表（尤其是输电网系统），EMS 系统在电力系统中的应用已有数十年的历史。这套系统从最原始的 SCADA 系统开始，已经发展出高度复杂、成体系电网能源管理系统。当然，这一复杂系统也仍然有明确的层次划分。

1）在感知控制层。电网在输电系统中以变电站为单位部署了大量的测量设备，主要包括电压传感器和电流传感器，同时也对各类断路器、隔离开关、变压器挡位进行了监视。各类设备的采样周期也各不相同，最传统的 RTU 量测，采样周期在秒级左右；目前正在大量部署的 PMU 量测，采样周期在 20 ms 左右；此外还有部分故障录波设备，在故障发生后能以数十千赫兹的采样频率记录系统中的电流和电压变化。在控制方面，目前输网中很大一部分设备都实现了自动控制功能，其中主要的设备也都实现了远程控制，这使得部分变电站目前已经实现无人值守。

2）在平台层。电力系统已经开发出一系列功能完善的基础应用，包括SCADA系统、网络建模、网络状态估计（用以改善基础数据质量）、潮流/拓扑分析等。在国家电网公司内部，这些应用都被高度标准化并集成在了一个平台中，应用层的应用只需要参照标准接口就能访问所需的数据，并向特定对象发送控制指令。

3）在应用层。目前也有大量的围绕改善电网运行状态、提高运行可靠性展开的丰富应用，包括系统安全评估、自动电压控制、自动发电控制、系统稳定性分析等。有趣的是，随着网络通信能力和计算能力的发展，很多原本离线运行的程序正在逐渐在线化，不断促进着系统运行水平的改善。相信这样的趋势未来也会在智慧能源的发展过程中体现出来。

电网EMS系统在经历了智能电网的洗礼后目前已经发展成能源系统中信息化程度最高的管理系统。其在系统架构设计、集成、信息安全等方面积累的丰富经验值得其他领域借鉴。

（3）需求侧管理/响应系统

需求侧管理/响应系统针对能源系统供应和消费这两个环节，重点关注需求端动态参与供需匹配的问题。需求侧管理/响应从用户侧角度来看与企业能源管理系统有很大的相似性，但它的一个突出特征是和上级系统的密切互动。传统意义上的需求侧管理和企业能源管理中的节能应用、生产计划应用是类似的，但更先进的需求侧管理/响应应当是与系统运行状态和能源市场高度相关的。根据用户参与需求侧管理/响应的方式不同，需求侧管理/响应系统需要跟踪市场价格信号，制定响应策略，自我实现负荷调节或直接接受上级的调节指令。目前，在工信部的牵头下，我国已经在尝试建立国家级需求侧管理平台，鼓励各类用户接入该平台中，参与需求侧管理和响应；此外，在国家发改委牵头下全国已有北京、唐山、佛山、苏州、上海等5个城市参加了电力需求侧响应试点工作，也有类似的实践。这些工作都是对智慧能源联网体系的重要探索。

从以上的应用来看，智慧能源的同样架构有很强的泛化能力，对目前已有的智慧能源应用是完全适用和兼容的。当然，目前这样的架构还非常抽象，细化程度低。完善和充实智慧能源的架构体系有待于整个能源行业从不同切入点遵循智慧能源架构的基本理念和思路开展多元化的探索。

3.4 规圆矩方——智慧能源的规范化和标准化

构建智慧能源系统，本质上是将系统内无数的智慧体连接成网。在3.3中，梳理了这些子系统的框架，这为连网提供了必要的架构基础。然而，仅仅具有相似的框架是远远不够的，这些子系统能够有效对接、连接成网，还需要更多层面上实现标准化。

规范化和标准化不是一句空泛的口号，而要切实服务于智慧能源系统的运行，以支撑各智慧体有效对接。在智慧能源系统内，企业主要从4个方面彼此对接，标准化体系也主要服务于这4个方面：1）功能服务，智慧能源体系内很多功能服务是多个智慧体对接实现的，诸如能源监管、财务统计等需要在统一的模式下进行；2）层次模块，承接智慧能源智能体框架设计，针对不同的层次进行更加细致的标准化；3）通信协议，通信是智慧能源信息传递的基础，不同智慧体之间的互联互通需要统一的信息格式、数据标准；4）市场机制，市场将是智慧能源系统内的重要组成，买卖报价、成交价格、期货价格等信息需要在同一标准下才能有效对接。

在上述4个层面上的规范化和标准化，将避免出现智慧能源成网过程中各智慧体无法对接的问题，从网络层面增强系统的可行性，降低系统的建设成本，这将是智慧能源体系落地生根中十分关键的一步。下面，就针对这 4 个方面分别加以说明。

3.4.1 功能服务标准化

功能服务的标准化是智慧能源技术体系标准化的基础。这种标准化首先要求对能源系统中各个参与者的特征和定位按照业务链的上下关系进行梳理。例如，在能源审计业务中，考虑到数据的真实性、可靠性以及网络资源的最大化利用等因素，政府和企业之间的功能划分应当如何设计。又如，售电公司和配网运行公司之间的边界如何确定，资产如何划分，进而进一步确定各自信息化管理系统的功能组成。

功能服务标准化旨在为能源系统中不同参与者提供一套或者若干套系统部署的标准化解决方案，以避免出现在系统开发和研制过程中的盲目性，大大降低智慧能源发展初期的试错成本。

3.4.2 层次模块标准化

层次模块的标准化主要是面向单个能源信息化管理系统的设计。上文中已经提到感知控制层、平台层和应用层是组成单个能源信息化管理系统的基本层次，而层次模块的标准化进一步对感知控制层相关测量和控制设备的性能、通信协议、建模规范进行规定；对平台层使用的操作系统、数据库配置、计算环境配置等提供指导性的标准化设计；对应用层的开发模式，平台层与应用层的功能交互进行规范。

层次模块标准化的益处是在保证系统基本性能的基础上能够大大提高系统的可扩展性，降低应用层二次开发的门槛和成本，一定程度上避免该领域技术壁垒的产生，出现不同公司开发的系统相互完全不兼容、大公司排挤小公司进入市场等不利于竞争和创新的局面。

3.4.3 通信协议与接口标准化

通信协议与接口的标准化是更为底层的标准化。目前，能源系统的不同领域应用了大量不同的通信和接口标准，而随着智慧能源的发展，如 IEEE 1888 等新的技术标准还在不断涌现。这些标准中，一些应用领域相对独立封闭，但还有一些标准，在应用领域上出现了交叉和重叠。因此，智慧能源技术在通信协议与接口上标准化的重点并不是创造新的通信标准，而是对目前可用的技术标准进行归纳和梳理：1）根据功能服务标准化以及层次模块标准化的原则对技术标准的使用作出规定；2）对原有标准不适应于智慧能源发展的部分，进行适当的改进；3）对存在矛盾和冲突的应用环节，提出通信协议与接口的映射和兼容性方法；4）对于一些标准尚未覆盖的新领域，在最大化利用现有标准资源的前提下制定通用化的标准。

3.4.4 市场机制标准化

市场机制的标准化则不再是传统的技术标准化问题。能源系统是一个高度复杂的系统，在这样的系统中实现资源的优化配置，好的市场机制不可或缺。随着智慧能源的发展，能源系统会催生出包括能源市场化交易、能源管理、能源审计、能源咨询等多种高度专业化的工作，同时也带来丰富的市场机遇。但目前，很多市场模式还在探索阶段，市场机制的建设也处在观望和等待的阶段。

随着一些传统能源政策的逐步放开，越来越多的智慧能源市场实践将会涌现出来，对于监管部门而言，非常重要的工作就是对其中好的市场模式进行培育，并从促进能源高效利用、节能减排以及就业、技术创新等多个角度，对其中一些市场模式进行固化，建立起其所需的市场机制。具体而言，机制的标准化包括初始禀赋的划分、交易平台的建设、交易规则的设计、税收机制、补贴机制等多个方面。监管部门对相关机制实行标准化有利于为市场提供持续性的激励，降低市场的政策风险，鼓励资本和技术投入。

3.5 重点突破——关键技术和典型应用

智慧能源的关键技术和典型应用，具体可以划分为信息化基础技术、面向应用的智慧能源技术和智慧能源的协同技术三个层面。信息化基础技术主要是能源领域信息化建设所需的技术和产品，是智慧能源各种应用的共性硬件需求；面向应用的智慧能源技术是以基础层技术为支撑，面向能源领域多维主体的多级需求，制定的运营管理模式及技术解决方案；智慧能源的协同技术虽并不属于智慧能源范畴，但是这些技术的发展与智慧能源的相互带动的关系明显，两者之间是协同关系。

1）信息化基础技术，如：传感器、网关、硬盘/存储、服务器、通信设备；

2）面向应用的智慧能源技术，如：需求侧管理（响应）、企业能管中心、智能电网、智能家居；

3）智慧能源的协同技术，如：分布式可再生能源发电、储能设备、电动汽车、天然气冷热电三联供、地源热泵。

3.5.1 信息化基础技术是决定智慧能源成本的关键

在未来智慧能源系统的摩天大楼中，信息化基础技术是构成它的一砖一瓦、一土一砾。所以，信息化基础技术设备既决定着智慧能源产品的品质，同时也是决定智慧能源成本的关键。在满足产品需求的前提下，尽量降低产品成本，使得产业推广尽量远离资金困扰，这是智慧能源产业规模化发展的基石。信息化基础技术的产品、功能和技术发展见表 3-2。

表 3-2 信息化基础技术

产品	功能	技术发展
传感器	传感器是一种检测装置，能将感受到的物理信息，按一定规律变换成为电信号或其他所需形式的信息输出，以满足信息的传输、处理、存储、显示、记录和控制等要求。	在能源领域内，正在推广准确计量、精确对时、高频采样的量测技术的应用，例如，电力领域中的 WAMS/PMU 系统；而智慧能源更注重于感知控制装置的广泛覆盖，尤其是能源消费侧，所以降低设备成本是智慧能源技术的主要诉求。
网关	网关是一种充当转换重任的计算机系统或设备，在使用不同的通信协议、数据格式或语言，甚至体系结构完全不同的两种系统之间，网关担任一个翻译官的角色。	国内已经有多家主流网关生产厂商，例如，华为、中兴、H3C、华赛等等。网关产品在满足基本的功能需求外，还需要兼顾兼容性、可靠性和数据安全性等多方面需求。
硬盘/存储	存储器是计算机系统中的记忆设备，用来存放程序和数据。计算机中全部信息，包括输入的原始数据、计算机程序、中间运行结果和最终运行结果都保存在存储器中。	云存储技术，是一种新兴的网络存储技术，将网络中各种不同类型的存储设备通过应用软件集合起来协同工作，共同对外提供数据存储和业务访问功能的存储技术。
服务器	服务器是网络环境中的高性能计算机，它侦听网络上的其他计算机（客户机）提交的服务请求，并提供相应的服务，为此，服务器必须具有承担服务并且保障服务的能力。	云计算技术（cloud computing），是基于互联网的相关服务的增加、使用和交付模式，通常涉及通过互联网来提供动态易扩展且经常是虚拟化的资源。
通信设备	通信设备指各类用于工控环境的有线通信设备和无线通信设备。有线通信设备包括串口通信、专业总线型通信、工业以太网通信及各种通信协议之间的转换设备。无线通信设备包括无线 AP、无线网桥、无线网卡、无线避雷器、天线等设备。	5G 技术，指第五台移动通信技术，一组关键技术包括大规模天线阵列、超密集组网、新型多址、全频谱接入和新型网络架构。 IPV6 技术，Internet Protocol Version 6 的缩写，是下一代互联网协议，可支持更多的终端设备。

3.5.2 面向应用的智慧能源技术是智慧能源实现规模化、商业化发展的手段

应用层的技术，是在基础层硬件设施的基础上，开发出的一系列功能和服务形式，具体包括：需求侧管理/响应、企业能源管理中心、智能电网、智能家居等。这些功能和服务，对接的是能源领域不同维度的需求。这些功能和服务并不是随智慧能源而诞生的，在以往能源领域的自主探索中，已经取得了一定的发展和积淀，但是由于一些技术和机制方面的问题，并没有取得真正大规模的发展。所以，如何借智慧能源的“东风”，实现体制变革和技术突破，是所有相关领域技术研发和管理者都应该深入思考和探索的关键问题。

（1）需求侧管理/响应

需求侧管理（DSM）是作为供应侧的电力公司采取有效的激励和诱导措施以及适宜的运作方式，与用户同心协力提高终端用电效率和改变用电方式，为减少电量消耗和电力需求所进行的管理活动。

具体而言，就是指对负荷的“整形管理”技术，包括削峰、填谷和移峰填谷三种。根据电力系统的负荷特性，以某种方式将用户的电力需求从电网的高峰负荷期削减、转移或增加电网负荷低谷期的用电，以达到改变电力需求在时序上的分布，进而提高系统运行的可靠性和经济性。同时还能减少新增装机容量和节省电力建设投资，降低预期的供电成本。

在20世纪中后期，DSM作为一种重要工具，引起美国政府和社会各界的普遍重视。到目前为止，大约30多家北美的电力公司已经积极实施DSM规划，并有很多的DSM在美国成功实施的实例。目前，我国的DSM应用还处于推广阶段，距离真正创造效益，还需要解决一系列技术及机制方面的难题。

（2）企业能源管理中心

能源管理中心（能源中心），是指采用自动化、信息化技术和集中管理模式，对企业能源系统的生产、输配和消耗环节实施集中扁平化的动态监控和数字化管理，改进和优化能源平衡，实现系统性节能降耗的管控一体化系统，实现对能源的安全、合理、高效的应用的目的。目前，高耗能行业内已经在推广和建设的阶段，例如，在钢铁行业中，已经建成并应用能管中心的钢铁企业可以使吨钢能耗平均降低约 5%，为企业显著地提高了效益。

（3）智能电网

“统一坚强”的智能电网，也被称为“电网 2.0”，就是建立在集成的、高速双向通信网络的基础上，通过先进的传感和测量技术、先进的设备技术、先进的控制方法以及先进的决策支持系统技术的应用，实现电网的可靠、安全、经济、高效、环境友好和使用安全的目标，其主要特征包括自愈、激励和包括用户、抵御攻击、提供满足 21 世纪用户需求的电能质量、容许各种不同发电形式的接入、启动电力市场以及资产的优化高效运行。

（4）智能家居

智能家居是以住宅为平台，利用综合布线技术、网络通信技术、安全防范技术、自动控制技术、音视频技术将与家居生活有关的设施集成，构建高效的住宅设施与家庭日程事务的管理系统，提升家居安全性、便利性、舒适性、艺术性，并实现环保节能的居住环境。

智能家居技术的发展大体经历了四代。第一代主要是基于同轴线、两芯线进行家庭组网，实现灯光、窗帘控制和少量安防等功能；第二代主要基于 RS-485 线、部分基于 IP 技术进行组网，实现可视对讲、安防等功能；第三代实现了家庭智能控制的集中化，业务包括安防、控制、计量等业务；第四代基于全IP技术，末端设备基于zigbee等技术，智能家居业务提供采用“云”技术，并可根据用户需求实现定制化、个性化。

3.5.3 智慧能源的协同技术

智慧能源的协同层技术，本质上并不属于智慧能源的技术领域范畴，例如，微电网、分布发电、能源存储、电动汽车等。这些领域的技术是当前能源领域发展的热点问题，它们可能会为未来能源领域的发展带来根本性的变化。同时，课题组认为“智慧能源”与这些技术领域的紧密结合所构成集合体，就是时下另一个较为热门的新兴领域“能源互联网”。

(1) 分布可再生能源发电

分布式发电是小型模块化、分散式、布置在用户附近的高效、可靠的发电模式，也是一种新型的、具有广阔发展前景的发电和能源综合利用方式。分布式发电倡导就近发电、就近并网、就近转换、就近使用的原则，不仅有效利用了可再生能源，而且对于缓解“我国能源东西部地区分布不平衡”的问题具有重要意义。

目前分布式发电主要包括风力发电和光伏发电两大部分，下面对其进行简要介绍：

1) 分布式风力发电。分布式风力发电特指采用风力发电机作为分布式电源，将风能转换为电能的分布式发电系统，发电功率在几千瓦至数百兆瓦（也有的建议限制在30MW~50MW以下）的小型模块化、分散式、布置在用户附近的高效、可靠的发电模式。

分布式风力发电技术可分为独立与并网运行两种运行模式，前者为微型或小型风力发电机组，容量为100W~10kW，后者的容量通常超过150kW。风力发电技术进步很快，单机容量在2MW以下的技术已很成熟。随着全球能源紧张进一步加剧，可再生能源越来越受到人们的广泛关注。

2）分布式光伏发电。分布式光伏发电特指在用户场地附近建设，运行方式以用户侧自发自用、多余电量上网，且在配电系统平衡调节为特征的光伏发电设施。遵循因地制宜、清洁高效、分散布局、就近利用的原则，充分利用当地太阳能资源，替代和减少化石能源消费。

分布式光伏发电所采用的光伏组件，是将太阳能直接转换为电能的分布式发电系统。目前应用最为广泛的分布式光伏发电系统，是建在城市建筑物屋顶的光伏发电项目。该类项目必须接入公共电网，与公共电网一起为附近的用户供电。

（2）储能

能源存储技术主要有物理储能、化学储能、电磁储能、热能存储、氢能及燃料电池五大类十几种技术。目前，储能技术都处于快速发展阶段，未来在可再生能源消纳、提供电力辅助服务、电动汽车、电力需求响应等多个方面都存在广阔的应用前景，是支撑未来能源系统运行的关键技术。

目前已有的储能技术包括如下几个方面：

物理储能：抽水蓄能、压缩空气储能、飞轮储能；

化学储能：铅蓄电池、锂离子电池、金属-空气电池、熔融盐电池、钠离子电池、液流电池；

电磁储能：电化学电容器、超导储能。

大容量、低成本、长寿命的新型储能技术，是未来储能技术的发展方向。包括替代传统铅酸电池的钠盐电池，可快速充放电、长寿命的锂离子电池，高储能密度的超级电容等，为能源系统中大容量、分布式能量缓存需求提供支撑。

(3) 电动汽车

电动汽车（BEV）是指以车载电源为动力，用电机驱动车轮行驶，符合道路交通、安全法规各项要求的车辆。由于对环境影响相对传统汽车更小，所以其前景被广泛看好。中国电动汽车重大科技项目的研发开始于2001年，经过两个五年计划的科技攻关以及奥运、世博、“十城千辆”示范平台的应用拉动，中国电动汽车从无到有，技术处于持续进步状态，建立起了具有自主知识产权的电动汽车全产业链技术体系。

电动汽车与智慧能源的对接领域是两方面的。一方面是在信息化层面上，电动汽车本身就是一个通用的ICT平台，它所搭载的ICT设备将是能源领域信息化、交通领域信息化共享的基础设施之一；另一方面在能源行业满足电动汽车用电需求的层面上，电动汽车通过多元化的充电基础设施来补充能源，未来充电设施将会是广泛存在的，且多种形式（充电站充电、换电站换电池、无线充电等）并存。充电基础设施是大量移动负荷接入能源系统的入口，充电设施的优化管理是能源领域对接电动汽车用能需求的关键突破点节点。

(4) 天然气冷热电三联供

冷热电三联供，即CCHP（Combined Cooling, Heating and Power），是指以天然气等燃料带动燃气轮机等燃气发电设备运行，产生的电力供应用户的电力需求，系统发电后排出的余热通过余热锅炉或者余热直燃机等余热回收利用设备向用户供热、供冷。通过这种方式能够大大提高整个系统的一次能源利用率，实现能源的梯级利用。还可以提供并网电力作能源互补，整个系统的经济收益及效率均相应增加。

目前，由于天然气冷热电能源效率高、清洁环保、安全可靠的特征，已经成为欧洲、美国、日本等发达国家重要的能源利用方式。我国也在逐步推广冷热电三联供项目，并取得了一些突破性的成绩。广西建成了我国第一个商业化运营的冷热电三联供项目，广州和上海等地也有一些示范项目的运营。

(5) 地源热泵

地源热泵是陆地浅层能源通过输入少量的高品位能源（如电能）实现由低品位热能向高品位热能转移。通常地源热泵消耗 1 kW · h 的电能，用户可以得到4.4 kW · h 以上的热量或冷量。所以，地源热泵是一种节能环保的可再生能源利用方式。地源热泵供暖/冷空调系统，主要分三部分：室外地能换热系统、地源热泵机组和室内采暖空调末端系统。其中地源热泵机主要有两种形式：水-水式或水-空气式。三个系统之间靠水或空气换热介质进行热量的传递，地源热泵与地能之间换热介质为水，与建筑物采暖空调末端换热介质可以是水或空气。目前，地源热泵已经在世界范围内多个国家取得了应用，北欧国家主要偏重于冬季采暖，而美国则注重冬夏联供。

3.6 智慧能源系统的运行模式

价值创造是智慧能源系统运行的根本目标。正如上文所述，智慧能源系统本质上是一个与物理系统紧密耦合、相互依存的信息系统，智慧能源系统的运行正是通过在价值目标的导向下驱动信息的合理流动来实现能源生产和消费的价值最大化的过程。因此，智慧能源系统的运行模式本质上就是能源信息的流动模式。

3.6.1 智慧能源系统的“信息凹地”和“价值节点”

信息创造价值的过程不是自发的，而是系统中某些特定节点以高度有序的方式发生的。我们将能源系统中这些具备价值创造功能的节点称之为“价值节点”。这些节点可能是实体，例如，一个微电网的控制器：它通过收集微电网中不同的信息从而进行控制策略优化，以实现可再生能源消纳的最大化以及外部购电成本的最小化；又如一个企业的能源决策系统，通过对产品、生产线和生产班组的能耗数据分析，作出优化的生产决策和技术战略决策；价值节点也有可能是一些特定的过程，例如，场外（OTC）能源交易。原始的能源数据、信息从源头汇聚到价值节点并发挥作用的过程和物理学中能量的释放过程或者信息论中熵的增减过程有一定的可比性（如图3-6所示）。每当信息在价值平面上发生由“高”向“低”的移动时，一部分的价值就被释放出来。因此，形象地说，价值节点也可以被称为“信息凹地”。

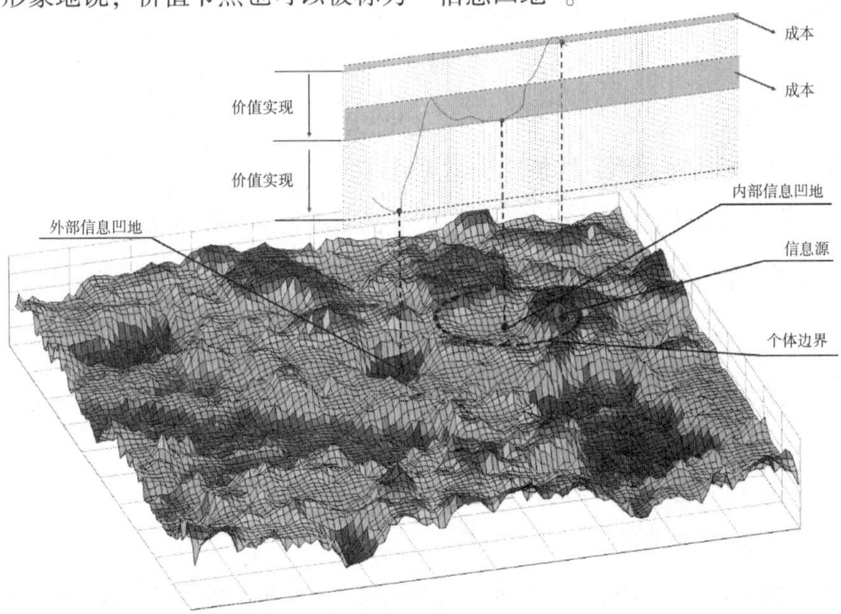

图3-6 “信息凹地”与“价值节点”

虽然信息向“信息凹地”的移动有很强的内在价值驱动力，但这一过程往往不会自发进行，因为信息的移动也有一定的成本。如图3-6所示，在个体内部，信息的移动需要克服基本的信息技术成本；而个体内部的信息如果要向外部移动创造更大的价值时，则需要面对更大的成本屏障，其中不仅涉及信息技术成本，还包括因为法规、机制、磨合、信用等众多因素引起的附加成本。

遵循这一思路，在开展智慧能源系统设计时，需要解决两个主要的问题：一是要发现并定义“信息凹地”，并根据“信息凹地”的分布开展智慧能源系统的规范设计（可称为“模式分析”）；另一方面则是研究信息从“信息高地”向“信息凹地”移动的路径，设计路径中发生的成本和效益的分摊方式（可称为“路径分析”）。前者解决的是技术问题，后者更关注商业模式。在本章的最后一部分中，将从信息的价值出发，探讨智慧能源系统中驱动信息流动的主要动力以及由此引出的智慧能源系统运行模式。商业模式则将在本书的后续章节中继续探讨。

3.6.2 智慧能源系统的信息流与运行模式

信息的价值是信息在多个维度产生的效益向经济维度的投影。考虑到能源系统运行的基本特点，可以定义出4个主要的“信息凹地”类型：

1）运行最优；

2）交易最优；

3）监管最优；

4）辅助服务最优。

这4个“信息凹地”为能源系统中信息的流动提供了主要的驱动力，构成了智慧能源系统的运行模式的基本框架（见图3-7）。

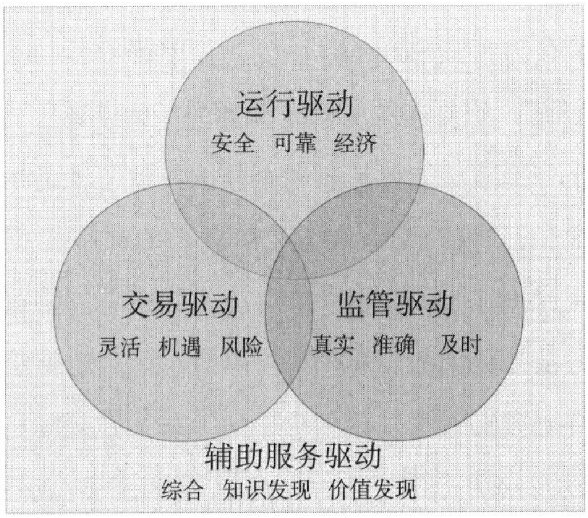

图3-7 智慧能源系统信息流动的4类驱动力

（1）运行驱动的信息流动

运行主要是解决同一个主体管辖范围内的特定区域、设备、过程的能源优化利用问题。主要的目标是解决能源利用的安全性、可靠性和经济性。在这个范围内，信息可以被视为完全透明。在传统的控制思路下，运行对象的所有数据都会被传递到控制中心，以实现全局的最优控制和计划。然而，随着优化控制对传感器数量、采样频率的要求不断提高，集中式的控制方法将会面临显著的数据传输成本和存储成本，对于时效性要求较高的系统而言甚至会影响系统运行性能。因此，对于大规模系统而言，集中式和分布式的混合系统架构是当前主要的潮流，相关的技术（如DCS系统）已经在工业界得到了广泛应用。

在这一系统架构下，终端设备采集的数据按照系统的功能逻辑划分分别送往本地控制器和系统控制器；还有一部分数据经过本地控制器的处理后变成密度更高的信息向上层传递。系统控制器一方面监视各个子系统的工作，同时根据全局信息对各子系统的控制目标和运行参数进行协调。

面向运行的信息流动是功能导向的，需要根据各个个体（企业、家庭、社区、园区等）的实际情况和需求进行具体设计。其中，对于信息化程度较高的企业而言，能源信息和企业的其他信息是相互耦合的，因此智慧能源系统和已有的ERP系统、SCM系统往往会相互整合，在运行上共用资源，合理交互，在设计和运行过程中要注重兼容性管理。

面向运行的信息流动的主要特征可以概括为：数据量大、数据频率高、逻辑复杂、定制化程度高。这些特征决定了相应信息技术应用的复杂性。根据应用的规模不同，运营自有智慧能源系统并不是唯一的选择。运营自有智慧能源系统需要在个体内部部署完整的硬件、软件和网络设施，灵活性、独立性、容灾性较强，但运行和维护以及初期投入成本较高，适用于需求特殊、规模较大的个体；对一些业务典型、规模较小的个体而言，使用外部智慧能源管理服务，借助高速互联网络，实现本地能源管理的云端化（IaaS，PaaS，SaaS）往往是一种更经济的选择。能源运行管理的外部服务使得能源信息出现了跨越个体边界的流动，也有希望催生一批以能源运行管理外部服务为主要业务的智慧能源系统新参与者。

（2）交易驱动的信息流动

与运行聚焦于个体内部不同，交易面向的是能源系统中的两个或多个参与者的交互与协调，交易的本质是通过价格信号实现能源系统资源的优化配置。最基本的能源交易信息包括常见的价格信息和计量信息。而随着能源市场的不断发展，能源交易已经演变成了复杂度仅次于资本市场交易的过程。电力市场中复杂的双边交易，联营竞价，中长期和短期、实时市场出清，碳市场中排放权交易等过程都伴随着海量的信息。而需求侧响应、分布式能源等新元素的出现又给能源交易带来了新的挑战。

交易驱动的信息流动按照是否基于公共的平台可以分为两种模式。其中，基于公共平台的能源交易需要有第三方建设并维护一套高效的交易服务平台，平台提供标准化的报价、竞价、交易撮合、结算等功能；参与交易的各个交易者要按照平台提供的接口在本地能源管理系统中开发相应的交易模块。能源交易也可以完全由双方商议决定，这类交易可以经由专门的业务网络（VAN）在规定的数据格式下进行，也可以基于因特网在相对灵活的方式下开展。

交易类信息由于涉及到商业和经济往来，对隐私和信息安全有较高要求，应适当采用加密等信息技术。在此基础上，交易类的功能应当具有一定程度的灵活性，以帮助个体在能源市场上把握机遇和规避风险。此外，交易和运行也是密不可分的，交易信息作为企业运行的外部变量，可以帮助企业及时调整运行状态，以最大程度减少能源成本或提高能源收入；而运行信息中反映出的企业基本用能特征，又应当被考虑在交易中以制定最优的交易策略。

（3）监管驱动的信息流动

能源监管的目标包括维护市场秩序、环境保护、安全监管、产业政策执行等多个方面，总而言之是为了提高社会的总体福利。不同监管任务对能源信息的需求有所不同。包括污染物/排放物监测、能耗监测等在内的监管需要高频、精确的实时数据；而市场交易监管、产业政策监管等则仅需要部分统计数据即可。前者通常需要借助专有网络以保证功能的完备性，后者则只需要通过因特网即可实现。

监管类信息的核心需求是信息的真实性、准确性和及时性。然而，由于部分监测仪表、设备部署在企业内部，大多数用于监管的能源报表也由企业自主生成提交，要保证数据的可信度并非易事。

一种简单的应对手段就是建立独立封闭的监管信息系统，如目前已经在各地部署的污染物监测系统。该系统由政府独立投资运营，以最大程度上减少企业对系统的干预。但这种运行模式一方面不能绝对避免信息作弊，另一方面可能会引起不必要的重复建设和资源浪费。

更为有效和经济的方式是建立起标准化、自动化更高的数据收集和统计系统，减少有潜在人工干预风险的环节，尤其是在个体与监管部门信息接口处，要利用信息技术保证原始数据的真实性。此外，还需要建立起能源审计制度，利用各类信息统计和处理技术实现能源信息的交叉校验（如能耗数据与财务数据的交叉检验、能耗数据与排放数据的交叉检验）。

（4）辅助服务驱动的信息流

基于能源信息的辅助服务强调信息的再生产：通过对具有一定广度（跨企业、跨行业）和深度（历史统计）的数据进行分析，利用数据挖掘、知识发现等技术，将海量的能源数据和信息转换为可理解的、有价值的知识。例如，基于行业数据为某家行业内企业通过技术咨询，根据历史负荷特性为需求侧提供节能管理服务，根据市场价格历史数据和预测为能源市场参与者提供报价策略指导等。辅助服务可以被定义为一切非直接能源生产、消费和交易的服务。

辅助服务往往由市场上一些外部服务商或行业机构提供，他们通过进行市场调研、与用户签订数据共享和保密协议等方式获取能源信息。这些能源信息与独有的专业知识、经验相结合，就形成了价值不等的知识，最终通过公开发布、出售等方式反馈给能源系统的参与者。辅助服务涵盖了能源系统的运行、交易和监管等不同方面。

3.6.3 智慧能源系统运行模式概览

被不同价值导向驱动的信息在能源系统中的不同参与者内部和之间

流动，就形成了整个智慧能源系统的整体运行模式。

从价值链和功能逻辑的角度，整个智慧能源系统具有明显的分层特征。首先，能源的消费者和供应者作为独立的决策个体和信息源，在个体内部具有层次分明的智慧能源管理系统（如3.3所述），能源从各级计量经由企业局域网络传送到数据服务器，一方面用于企业内部决策，另一方面按照监管部门的规则进行上传。监管部门从企业获取的不同时间尺度的数据汇集在政府数据库中，与各类监管模型相匹配；监管部门根据数据分析和相关法规生成的行政管理指令，又反向传送到企业端，对企业的生产决策实现指导和干预。这种信息化的能源监管方法大大降低了监管成本，增大了企业的作弊成本。政府所掌握的多时间、空间维度的数据，不仅相互支持提高了数据的可靠性，更因为能源在生产活动中的重要地位成为了政府开展其他服务和监管职能的重要信息仓库。

在能源市场化的环境下，能源的消费者和供应者还需要通过优化交易来实现自身利益的最大化。这就需要各个参与个体根据自身的用能特性和市场的供需特性作出策略性竞价和生产活动安排。市场从各个参与者获取需求和供给信息，并在相应的制度安排下撮合交易，实现市场出清，并将价格信号反馈给各个参与者。这些价格信号一方面直接决定了参与者现金流，也指导了市场参与者改变行为，实现整个能源系统资源的优化配置。能源市场远比普通的商品市场要复杂，从时间尺度上看，分为年度、月度、周前、日前等不断刷新的实时市场，不同的市场对数据的及时性和可靠性要求不同；从标的物的角度，又分为实物市场和衍生市场；从参与者的类型来看，又分为上游市场和下游市场、大用户市场和终端消费市场等。这些市场的存在是为了充分挖掘能源的不同属性，匹配不同的市场安排以实现社会效益的最大化。市场不仅涉及竞价信息，还包括部分需求预测、供给预测数据，后两者还需要市场的组织者通过精细而可靠的模型计算或从第三方获取。此外，能源市场因为交易量庞大，参与者特征复杂，以及潜在的市场力因素，应当在监管部门的密切监视下运行。监管者一方面可以直接干预市场，另一方面也可以通过上述的行政管理渠道直接对相应的市场参与者实施监管。

智慧能源系统运行模式见图 3-8。

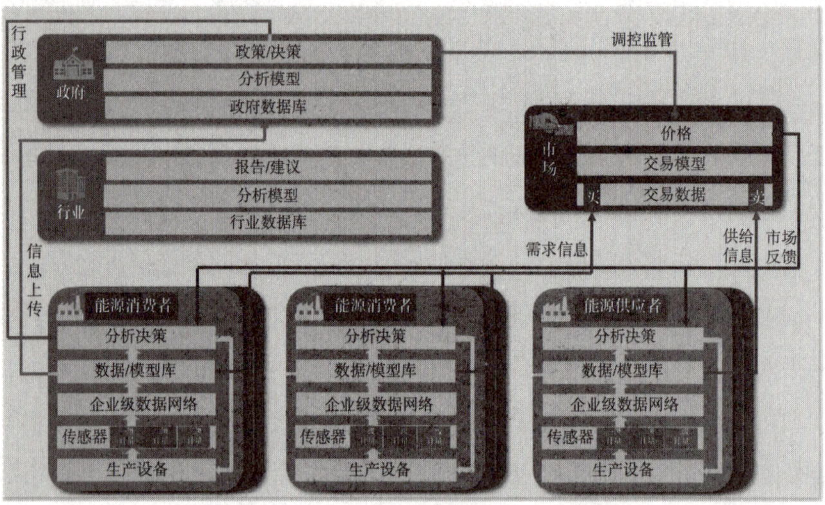

图 3-8　智慧能源系统运行模式图景

除了能源消费者、生产者、市场和监管部门外，以行业协会以及其他的能源服务提供商为代表的能源系统参与者则没有固定的运行模式形态。他们可以广泛收集能源系统中的公开数据，并进行行业调研，和能源系统的直接参与者开展双边合作，以建立具有附加价值的行业数据库。这些参与者的重要贡献是将综合性的能源信息转变为影响个体和行业决策的知识，并反馈到能源系统中，对整个能源系统起到了润滑和推动的作用。智慧能源系统运行的通信结构见图 3-9。

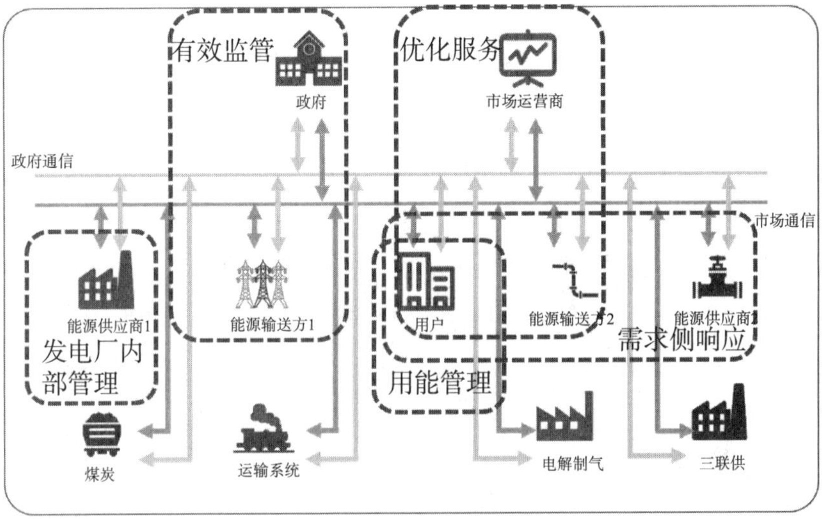

图 3-9　智慧能源系统运行的通信结构

虽然在价值链和功能划分角度来看不同参与者在系统中的位置都是独特而层次分明的，但从信息技术的角度来看，整个系统是高度扁平化的。除了一些专用业务网络外，大部分的市场参与者都连接在扁平的互联网中，彼此之间没有显著的“信息距离”。这为能源系统的进一步信息化集成提供了条件，但同时也为能源物理-信息耦合系统的安全、可靠性带来了挑战。

3.6.4　智慧能源系统运行模式的演进和发展

智慧能源系统的运行模式不是固有的，随着智慧能源技术以及能源技术本身的进步、制度的改革、商业模式创新等等，智慧能源系统会不断呈现出新的运行模式。

在技术进步方面，需求侧管理/响应是近年来能源技术进步带来能源系统运行模式改变的典型案例。通过主动管理，需求侧也能够参与系统运行和市场交易，改善系统的供需匹配水平。这项技术的推广首先对需求侧的信息化程度提出了更高要求，另一方面也衍生出了需求侧管理平台、需求侧响应交易平台等信息化工具以及相应的运行模式。类似的技术进步还包括综合能源网络、储能、分布式电源等。

制度的变革往往会带来更为激烈的冲击。2014 年，习近平总书记提出了要开展“能源生产与消费革命”，其中特别强调要“还原能源的商品属性”。这意味着我国将在未来一段时间内对包括电力、油气、煤炭、热力等在内的能源商品进行阶段化的市场化改革。其中售电侧市场等改革引起了业界的集中关注；与此同时，面向电力大用户的双边市场也开始逐渐开放。这些制度变革不仅催生了新的系统角色，也颠覆了传统的运行模式。

制度的改革也伴随着活跃的商业模式创新，近年来，共享经济、互联网金融、P2P 等商业模式在短时间内席卷了各个传统的商业领域，也同样会影响到能源市场，尤其是能源消费侧市场。新的商业模式的出现势必也会对智慧能源系统的运行模式提出新的要求。

第4章　中国智慧能源产业主要企业及应用案例分析

4.1　北京天地互连信息技术有限公司

4.1.1　企业简介

北京天地互连信息技术有限公司前身为北京英纳特网络研究所，北京英纳特网络研究所成立于1995年，由从事互联网技术研究的归国留学人员和政府智库人员创立。北京天地互连信息技术有限公司成立于1999年11月，自成立以来，公司坚持以技术研发为核心，以测试服务为基础，以国际化、市场化为导向，专注于IPv6、SDN及IEEE 1888等下一代互联网核心技术，已成为全球领先的下一代互联网公共服务平台。

4.1.2　主要产品及研发能力分析

公司承建了下一代互联网IPv6认证测试服务北京市工程实验室，建成全球最大的IPv6下一代互联网测试中心，测试业务量占全球的40%，并作为核心成员承担了建设中国下一代互联网（CNGI）评测体系的重任，建立全球SDN测试认证中心，面向全球开展SDN测试认证服务。公司积极参与智慧能源领域国际标准的探索与实践。自2008年起，联合中国电信、清华大学等开展基于ICT技术进行节能减排的研究工作，主导组建了标准化工作组，牵头制定了IEEE 1888国际绿色节能标准。作为绿色ICT技术创新国际标准，IEEE 1888是IEEE在绿色节能和物联网领域具代表性的全球标准之一，为智慧能源的广泛推行实施提供了有力的保障。截至目前，公司牵头制定了 IPv6、IEEE 1888 等 17 项国际、国家和行业标准，并拥有核心发明专利近百项。

（1）牵头制定 IEEE 1888 系列国际标准

IEEE 1888 标准，即泛在绿色社区网络标准，是源自中国自主创新技术的绿色国际标准，将先进的信息通信技术与节能环保深度融合，通过构建完整的社区信息采集、传输、存储以及控制系统，实现对能耗设备的智能化控制，从而达到节约能源、降低能耗、保护环境的目的。IEEE 1888 标准统一了绿色节能平台与各种耗能设备之间的信息交互流程和数据格式，并基于广域 IP 网络进行信息传输，用户通过可视化的界面，可以实时获取能耗统计计量数据，进而对各种耗能设备进行远程控制，并对环境和人员进行动态监测。IEEE 1888 系统的目标是规模构建绿色节能应用服务，既可以应用于企业、园区等公共建筑领域，也可以应用于智能节能家庭系统中。

IEEE 1888 核心标准在 2011 年 3 月正式通过后，获得了全球各大企业、研究机构的广泛关注。在此基础上，国内外多家知名企业、高校、运营商以及研究机构通力合作，在 IEEE 标准协会中成功申请立项，成立了 4 个子工作组——IEEE 1888.1、IEEE 1888.2、IEEE 1888.3、IEEE 1888.4，分别针对 IEEE 1888 系统的运营与管理、异构网络融合、网络安全及智能家居应用 4 个方面展开深入的标准化工作，逐步形成一套完善的应用标准体系。

（2）研发 IEEE 1888 协议栈系统

公司基于项目实践及国际标准，启动了 IEEE 1888 软件开发包 SDK 及协议栈的自主研发工作。IEEE 1888 的 SDK 封装了整套协议组件的基本功能实现，并且其自身提供了 C#、Java、PHP 等多种开发语言的开发接口。通过使用IEEE 1888 SDK，可以帮助设备商、应用开发商等用非常便捷的方式高效地开发网关设备、存储设备和应用单元设备，以及各种应用软件等，大大缩短开发工程的周期。此外，通过使用SDK可随时检测同步开发的IEEE 1888产品相互连接时的运转状况，从而切实确保开发工程的顺利进行。

SDK作为开发环境的一部分，包含在虚拟设备中，会大大降低环境梳理的复杂度。此外，在SDK中，已经内嵌了C#、Java、PHP等多种语言的开发接口，可以帮助对相应语言熟悉的开发人员快速掌握IEEE 1888通信的编程方法。正是SDK的这些特点，可以在从开发环境的建立到制作简易的IEEE 1888软件方面帮助开发者。作为IEEE 1888的软件开发工具包，SDK封装了IEEE 1888的核心通信协议栈，其基本架构包括功能组件部分和消息组件部分。

目前，公司已经研发出支持多语言版本的IEEE 1888 SDK系统，可免费提供给设备厂商及开发者使用，这一举措将会加速IEEE 1888系统在国内外的应用推广。

（3）IEEE 1888应用产品

1）IEEE 1888网关产品。在基于IEEE 1888网络协议的系统中，网关是实现物理传感器网络与电信网、移动网等网络汇聚的组件，用于将终端物理传感器、执行器等设备与上层应用（APP）和存储（Storage）等组件连接起来，采用IEEE 1888数据协议为物理设备提供输入/输出访问支持和协议转换，实现IEEE 1888网络的模块化应用和管理。网关的主要作用是屏蔽各控制系统、物理设备的差异性，使信息管理系统可以通过统一、标准、开放的接口访问现场设备数据，以最高效的形式访问/控制底层硬件，实现与各种控制和传感系统的无缝连接。

目前，市场上存在用于各种不同网络的网关，各自采用不同的标准，应用不同的协议，给物联网的开发应用带来了一定的困难。采用IEEE 1888标准协议可以在满足现有需求的情况下降低网关的复杂度，实现网关产品的标准化，并支持快速部署。目前，公司已开发完成的网关产品如下。

①BACnet-to-1888网关。传统的BACnet（Building Automation Control network，楼宇自动化控制网络）网络通过不同协议的网关与不同的网络相连，能完成RS232/485、Modbus到BACnet MS/TP、BACnet IP的数据转换，使得具有串口的制冷机组、空调、电梯、传感器、显示器、电动门、除湿机组、报警器等设备迅速完成与BACnet系统的集成。在基于IEEE 1888标准的广域网络体系中，可以通过配置标准的BACnet-to-1888网关产品，无缝地兼容已经部署的BACnet控制子系统，将BACnet/IP局域系统中的传感器监测数据、操作历史等日志信息通过IEEE 1888通信规格实现网络化和在线化。除此之外，通过BACnet-to-1888网关与应用设备、存储设备组合使用，进一步使设备的状态监测、能源管理、报表输出、设备利用形态的改善等成为可能。

②LonWorks-to-1888网关。LonWorks也叫LON（Local Operating Network，局部操作网络），主要用于解决数据传输量较小的现场控制器之间的集成，被认为是一种工控网技术，其优点在于方便现场仪器如传感器、执行器等设备的联网，支持多种通信介质的使用及混合使用。在基于IEEE 1888标准的广域网络体系中，可以通过配置标准的LonWorks-to-1888网关产品，无缝地兼容已经部署的LonWorks控制子系统，将TP/FT-10局域系统中的传感器监测数据、操作历史等日志信息通过IEEE 1888通信规格实现网络化和在线化。除此之外，通过LonWorks-to-1888网关与应用设备、存储设备组合使用，进一步使设备的状态监测、能源管理、报表输出、设备利用形态的改善等成为可能。

③ZigBee-to-1888 网关。ZigBee（紫蜂）技术基于 802.15.4 协议，提供低功耗、低成本和轻量路由协议，组成的无线传感网不需要接入点，而且网络节点之间可以互相通信。在基于 IEEE 1888 标准的广域网络体系中，可以通过配置标准的 ZigBee-to-1888 网关产品，无缝地兼容已经部署的 ZigBee 控制子系统，将符合 Home Automation Profile 和 Smart Energy Profile 的传感器监测数据、操作历史等日志信息通过 IEEE 1888 通信规格实现网络化和在线化。除此之外，通过 ZigBee-to-1888 网关与应用设备、存储设备组合使用，进一步使设备的状态监测、能源管理、报表输出、设备利用形态的改善等成为可能。

④SNMP-to-1888 网关。SNMP（Simple Network Management Protocol，简单网络管理协议）的前身是 SGMP（简单网关监控协议），用来对通信线路进行管理。在基于 IEEE 1888 标准的广域网络体系中，可以通过配置标准的 SNMP-to-1888 网关产品，无缝地兼容已经部署的 SNMP 控制子系统，将符合 SNMPv2 的传感器监测数据、操作历史等日志信息通过 IEEE 1888 通信规格实现网络化和在线化。除此之外，通过 SNMP-to-1888 网关与应用设备、存储设备组合使用，进一步使设备的状态监测、能源管理、报表输出、设备利用形态的改善等成为可能。

⑤CSV-to-1888 网关。通过 FTP（File Transfer Protocol，文件传输协议）或者 Windows 文件共享方式 SMB 协议（Server Message Block，Windows 之间通过网络实现文件共享、打印机共享的通信协议）从基于 CSV 格式提供信息的设备获得 CSV 文件，以 IEEE 1888 通信规格实现网络化和在线化，使现有的 CSV 输出设备支持 IEEE 1888，通过与存储设备、应用设备协作，使设备的状态监测、能源管理、报表输出、设备利用形态的改善等成为可能。

⑥通用网关。一般网关基本功能包括：企业或家庭内部网络拓扑管

理；远程网管界面，远程配置；支持多种协议栈，包括 TCP/IP、UDP/IP、ARP、ICMP、Telnet、DHCP 等；可编程，可加载特定应用，支持固件升级；数据收集、处理、转发等。

泛在网关设备控制要求实现前端各种传感器设备和节能业务要求设备的控制，实现在管理控制单元的节能业务实例驱动下的控制操作过程。IEEE 1888 标准可以实现对通用网关的支持。通用网关拥有 4 个端口数字输入端子和 4 个端口模拟输入端子，交换机的 ON/OFF 状态、脉冲信号的计数、模拟传感器的输出值均可通过 IEEE 1888 通信规格采集。这样，可实现对执行关键任务的设备（被用于基本业务的终端等）进行直接测量，扩大应用。

2）IEEE 1888 存储器产品。IEEE 1888 网络协议可以广泛应用于绿色社区节能和物联网领域，存储在 IEEE 1888 网络中具有重要的作用，而基于 IEEE 1888 的存储产品未来也必将具有广泛的市场和应用。

IEEE 1888 存储通用功能是提供大容量和长期的存储。但考虑到不同的应用场景对数据的不同需求，需要定制开发适用于不同场景的存储器。例如，当应用于大范围广域系统中，需要存储器的容量大、读写性能良好。有些存储器则需要额外提供对数据的一部分处理。

①大容量存储器。大容量存储器通常负责一个大范围部署的 IEEE 1888 系统的后台集中数据存储，一个典型的应用是配置在 IEEE 1888 系统后台的数据中心中，对跨越多个地理范围的多栋楼宇、大规模建筑群等采集的大量测量数据进行统一保存和共享。大容量存储器除了可以与更多的管控对象绑定，支持更大的数据容量之外，还需要提供高性能的读写能力，支持大量的并发请求。

②基于 IEEE 1888 的云存储服务。提供针对从传感器等设备采集的大量测量数据进行保存的服务。基于云计算技术，按需使用存储服务。

基于 IEEE 1888 和云计算技术，通过与应用分析平台充分组合，可提供跨网络、跨平台的、满足不同用户需求的服务。在降低用户管理成本的同时，大幅提升业务效率和用户体验，为用户创造新的价值。

3）IEEE 1888 应用平台。基于 IEEE 1888 的框架，通过将应用与存储、网关协作，可提供应用于可视化的解决方案，可进行设备自动控制管理等。此外，对 IEEE 1888 框架内的数据加工分析处理也起到重要的作用。

①简易监测应用。简易监测（Supervisory Control And Data Acquisition，SCADA）是通过计算机对基础设施和设备的状态监测、控制等进行管理的系统。简易监测应用可使通过网关设备监测的数据以容易管理的形式展现，提高设备、能源管理的运营效率。简易监测应用可显示所监控设备的配置（表、菜单等），其内容可通过简单的 XML 设置文件发出指令。通过与存储器进行协作，可实现最新数值、走势数据的显示以及 CSV 的输出。通过与数据加工分析应用进行协作，也可显示以冷房模式运转的空调数、温度分布等计算结果。

②数据加工分析应用。数据加工分析应用可将通过网关设备监测的数据转换为容易处理的信息，以便在监测应用、可视化应用中得以利用。例如，可计算以冷房模式运转的空调数，可对计算方法、计算内容通过简单的 XML 设置文件发出指令。该应用需使用存储器。

③状态监测应用。状态监测应用对于逐次更新的 POINT 是否采集到正确数据可做定期监测，如有问题发生，则向管理员发送告警邮件。由于该应用可在短时间内发现问题，因此，从问题发生后到实际开始排除故障的时间可大大缩短。基于状态监测应用，可建立高效的操作监测体制，使运营维护体制得以完善。

④电力随需应变控制应用。当夏季或用电高峰的耗电量超过设施的

合同规定电量时，使用电力随需应变控制应用可从空调温度设置较低的房间开始，过渡到送风模式，在保持每个房间温度的同时，采取随需应变控制。

（4）IEEE 1888 评测认证系统

随着 IEEE 1888 成为国际标准，越来越多的企业、大学等参与到基于 IEEE 1888 的产品研发。由于 IEEE 1888 提供了一个开放的平台，参与开发的单位众多、产品各异，因此有必要汇聚具有代表性的单位和产品进行测试，以便确认各个厂商的产品基于 IEEE 1888 可实现互联互通，同时可积累和分享相关的技术、经验，发现问题并找出解决方法，为今后更大规模的测试奠定基础，推动 IEEE 1888 产业化的发展。

公司将在这些成果基础上，以 IEEE 1888 工作组核心成员为中心，开展基于 IEEE 1888 的评测认证服务平台开发及构建，可以为 IEEE 1888 产品厂家提供评测及认证，其目的在于鼓励设备商开发成熟的 IEEE 1888 产品，同时增加用户进行商业部署 IEEE 1888 的信心，有效的 IEEE 1888 产品对于保证 IEEE 1888 互连互通性、安全性、可靠性等方面来说是非常重要的。公司正在构建的评测认证服务平台包含以下内容：IEEE 1888 协议一致性测试；IEEE 1888 多厂商互通性测试；IEEE 1888 的 IPv6 支持度测试。

1）IEEE 1888 协议一致性测试。IEEE 1888 一致性测试主要是按照 IEEE 1888 测试规范检验 IEEE 1888 产品与 IEEE 1888 标准之间的符合程度。一致性测试需要使用特定工具实现，这些工具能够模拟被测试产品的参照环境进行协议分析，并且输出测试过程和测试结果。IEEE 1888 系统测试包括：注册器测试模块、应用单元测试模块、存储器测试模块、网关测试模块、IPv6 支持测试模块。

2）IEEE 1888 多厂商互通性测试。由于现有规范描述覆盖范围比较有限、各厂商对协议理解上的分歧以及实现方式上的差异，即使通过了 IEEE 1888 协议一致性测试，也有可能导致目前市场上不同厂商的 IEEE 1888 设备无法互通。IEEE 1888 互操作性测试主要在实验室环境中实现，需要多个不同厂商的设备同被测试设备互连并按照测试需求进行相关配置和操作。在测试过程中，通过跟踪测试输出并分析测试结果，检验被测试设备和其他设备之间的互连互通性，测试内容包括 IEEE 1888 的组件：网关、存储器、应用单元和注册器等。

3）IEEE 1888 IPv6 支持度测试。IEEE 1888 国际标准采用全 IP 的思路，深度融合 IPv6、物联网、云计算等信息通信技术，构建了一个开放的能源互联网体系，得到了 IEEE 标准协会的充分肯定。IEEE 1888 协议是利用互联网技术（支持 IPv6，兼容 IPv4）使所有传感数据和控制数据进行自由传输与交互的应用层面的通信协议。

由于 IEEE 1888 部分组件（无线传感器网络的节点）是嵌入式设备，功率、计算能力以及可用资源都受到限制，无法承载传统的完整的 IP 协议，因而需要设计轻量级的协议栈，去掉不必要的组件、传统的复杂调度机制和额外的扩展功能。部分嵌入了轻型的 IPv6 协议栈，对 IPv6 协议进行适当的裁剪，IPv6 地址自动配置协议主要实现 IPv6 链路本地地址的配置和请求节点多播地址的配置。因此 IEEE 1888 对 IPv6 支持度的测试不能照搬路由交换设备或者主机服务器设备的测试规范，必须根据 IEEE 1888 特色重新考量并建立测试规范和测试标准。

由于 IEEE 1888 是基于 IP 的、开放式的、与绿色节能技术和物联网技术等相结合的创新型国际标准，因此，完全不受厂商、地域、行业等限制而实现产业化和全球化，对于开创、开拓新兴产业、市场，促进企业产业结构调整和升级，激发企业活力等方面将发挥积极作用。

4.2 英特尔（中国）有限公司

4.2.1 企业简介

英特尔（中国）有限公司成立于1994年，注册资本1.6亿美元，是台港澳法人独资的有限责任公司。2014年英特尔总收入为559亿美元，净利润117亿美元。

公司主要经营范围包括：1）在国家鼓励和允许利用外商投资的计算机软件、元件和网络产业、信息技术产业、邮电通信产业和其他相关产业进行投资；2）受所投资企业的委托向所投资企业提供技术支持等服务；3）在中国境内设立科研开发中心或部门，从事新产品及高新技术的研究开发，转让其研究开发成果，并提供相应的技术服务；4）为其投资者提供咨询服务，为其关联公司提供与投资有关的市场信息、投资政策等咨询服务；5）承接境外公司的服务外包业务；6）进口货在国内采购并以批发的方式在国内销售或在国内采购并出口计算机软件、电机电器设备及其零件、自动数据处理设备及其部件、磁性或光学阅读机等产品及其原材料和零配件，代理电子产品及其相关零配件的进出口业务，并提供相关售后服务；7）从事物流配送服务；8）经中国银行业监督管理委员会批准，设立财务公司，向自身及其所投资企业提供相关服务；9）经商务部批准，从事境外工程承包业务和境外投资，设立融资租赁公司并提供相关服务；10）委托境内其他企业生产、加工其产品或其母公司产品，并在国内外销售；11）提供机器和办公设备的经营性租赁服务，或依法设立经营性租赁公司；12）计算机系统集成及技术服务。

4.2.2 主要产品及研发能力分析

对于物联网（IoT）市场，能源节约是最重要的战略市场之一。节能环保与信息技术产业已成为国家战略性新兴产业，代表产业发展和科技创新方向，对经济社会发展具有重大引领作用。根据 2014 年中国智慧能源产业发展报告，能源行业的 IT 投资规模预计 2015 年将达到 615 亿元，复合增长率为 20% 以上。能源管理系统（EMS）为该行业奠定了重要基础。基于物联网的能源数据采集和处理是能源管理的基础技术。

目前能源管理行业面临着一系列的挑战，包括数据采集与部署的复杂性，造成数据采集无标准，需要支持不同的协议；项目驱动，方案不易于复制；初始投资成本过高，比如在设备、网关、服务器、软件方面；运维与运营成本过高；封闭系统数据无法共享，等等。

为了应对上述挑战，英特尔自主研发推出了能源管理的端到端解决方案，实现了前端网关，到公共云服务平台，到数据服务的全面技术支持。英特尔能源管理网关解决方案基于英特尔® Quark™ 处理器，可提供全面的软件堆栈，涵盖了固件、操作系统、中间件和特定能源行业应用支持。云端服务提供了标准化的管理工具与编程调用接口。此方案的端到端架构设计将更加利于传感器集成、数据传输和聚合、设备以及平台管理。同时通过公共云服务与私有云部署等落地方式，使企业客户得以更快地开发、构建和部署应用服务，实现安全的通信信息采集、传输与统计分析。

基于英特尔能源管理网关的罗克佳华能耗监测端设备，已进入国家重点用能单位能耗在线监测系统，为政府对企业用能情况的集中监控、管理和决策提供系统支持，同时，帮助被监测企业改进能耗管理方式；施耐德电气与英特尔合作开发的 SRC-0800-4C 智能网关，实现了智能表计、通讯网关、能源管理云平台的整合，可加速以物联网为核心的建筑能效管理解决方案的落地；针对节能应用解决方案缺乏统一标准的问题，英特尔支持天地互连牵头成立 IEEE 1888 工作组，联合研究和推出了利用 ICT 技术实现节能减排的技术标准，成为在过去 5 年中唯一由中国企业主导制定的 IEEE 国际标准，以及 IEEE 在绿色节能和物联网领域具有标志性的全球标准。

同时，英特尔的云平台已经在两家服务运营商提供公共云服务，已经与数十家企业达成了合作协议，接入网关数量已超过数千台。英特尔与行业伙伴密切合作提供的能源管理解决方案，实现对电量数据的远程采集及用电设备的远程控制，同时通过基于英特尔云平台实现存储数据、分析数据、展示数据，以及远程对网关的管理和维护等功能。

英特尔应用于能源管理领域的智能网关解决方案系列荣获 2013—2014 年度 ECCN（中电网）全国优秀 IC 与电子产品解决方案，并获得 EDN China（《电子技术设计》）2015 年度优秀产品奖。

4.3 杭州哲达科技股份有限公司

4.3.1 企业简介

杭州哲达科技股份有限公司成立于 1998 年，是中国著名的流体节能服务商，专业提供自主知识产权的智慧流体节能产品与服务。公司注册资金 5000 万元，近 3 年资产综合超 7 亿元，营业收入超 4 亿元。

公司建有浙江省重点企业研究院、院士工作站、省级企业技术中心和省级高新技术企业研发中心，是以研发见长的国家火炬计划高新技术企业和软件企业。公司现有员工 176 人，其中教授级专业技术人员 8 名、博士后 3 名、博士 6 名、硕士 12 名、专业人员 151 名。公司一直与浙江大学、厦门大学的相关专业建立产学研合作，同时与 SIEMENS、Schneider、Rockwell、ABB、GE 等国际知名公司建立了长期合作伙伴关系。

公司已累计申请专利近 170 项，其中授权专利近 150 余项，软件版权已超 40 项。此外，公司参与承担 863 项目 4 项、火炬计划 6 项、国家重点新产品 4 项、国家创新基金 2 项、国家住建部科技示范工程 2 项、省级重大专项 2 项、市级重大专项 2 项；获得国家科技进步一等奖 1 项，省部级科技进步一等奖 5 项、二等奖 4 项、三等奖 3 项，市级科学技术一等奖 3 项、二等奖 5 项、三等奖 5 项。

4.3.2　主要产品及研发能力分析

目前公司的技术创新主要分为两大类：1）工业流程的能效分析及运行优化，所展开的具体研发项目主要针对流程工业中的硝酸制造、钢铁行业、空分系统、流体机械和水泥制造等典型工业系统的节能和运行优化；2）建筑设施的能效分析及运行优化，结合可持续性发展的基本国策，该项研发工作又分为 3 个大的子方向，分别针对小区集中供热系统分户计量、智能平衡及动态节能，以及建筑中央空调系统能效分析、智能平衡和运行优化，并展开基于太阳能和热泵联产的建筑独立高效供热系统的开发。

（1）面向工业节能领域的技术产品

公司在工业节能领域研发了高炉系统、工业循环水系统和压缩空气系统的节能运行优化技术。

1）高炉煤气余压余热透平发电装置优化控制技术，顶压控制精度为 1.5kPa~2kPa，优于该行业国际顶尖企业日本川崎 3.0kPa~5.0kPa 的顶压控制水平。通过与国内知名的风机企业陕西鼓风机集团的合作，该项技术在高炉余压余热回收领域内的应用，使国产流程和装置，成功打破国际巨头长期垄断的行业格局。

2）工业循环水系统高效节能优化技术（WECS）是一项基于流体力学、传热学基本原理，面向复杂工业循环水流程创新研发的系统化节能优化运行技术。与国内外各种单项、局部和被动性的节能技术相比较，WECS 技术提出并实现了复杂工业循环水流域的系统性节能，可直接应用于石化、冶金、电力、纺织、印染、造纸等行业企业循环水系统。

3）大型压缩机节能优化运行装置的研制有效提升了大型压缩机的效率，该技术在我国属新技术，对提高我国大型压缩机节能优化运行装置利用水平，改变产品依赖进口局面，提高出口创汇能力具有重要作用。

（2）面向建筑节能领域的技术产品

目前，我国中央空调或供热的系统能效问题十分突出。我国“十二五”能耗预期目标，即到 2015 年，单位国内生产总值能耗比 2010 年下降 16%，如果把该目标分解到建筑领域，那么建筑楼宇领域必须要实现节约 1.33 亿 tce，建筑节能的任务任重道远。

针对这一问题，公司研发了智慧阀门系列产品和建筑物暖通空调（HVAC）系统的节能运行优化技术。研发团队应用计算流体力学、流动控制技术和系统控制技术，研发了智慧阀门，所提出的智能输配平衡系统技术，解决了集中供热和中央空调这两个建筑能耗大户长期存在的动态水力失衡和热力失衡的问题。

（3）ZETA 流程零能源新技术

公司面向化工行业的流程零能源技术，主要设计的硝酸生产装置的核心透平设备是硝酸四合一机组及其控制技术，其主要由轴流式空气压缩机、离心式氧化氮压缩机、尾气膨胀机（轴流反动式）和汽轮机、系统控制装置组成。该系统为硝酸生产提供合适的压力、温度的同时，大量回收化学反应中产生的热能，是能量自给自足的国产化机组与国产化控制系统，是化工行业的流体系统节能减排与增效控制技术，可实现流程的“零能源”。

4.3.3 应用案例分析

（1）案例名称

案例名称为：河南平煤神马股份压缩空气智慧节能项目。

（2）案例简介

河南平煤神马股份是亚洲最大的帘子布生产基地，压缩空气系统是该企业生产的主要动力来源。截至目前，神马股份空压机节能改造项目涵盖旗下帘子布公司、帘子布发展公司和气囊丝公司的压缩空气系统节能改造。神马股份在 2013 年年底与哲达科技建立节能合作关系，哲达科技为神马股份提供合同能源管理服务。

神马股份的压缩空气系统存在现有吸干机均为无热型干燥机，能耗大；管网压力等级有区别，浪费严重；压缩空气运行用能缺乏有效管控等问题。因此，项目采用的改造技术有：空压机余热利用技术；高效分级输送技术；空压机智能节能群控技术；搭建空压能源管理系统；能效分析与运行优化技术。

该项目是合同能源管理效益分享项目，总投资 1172.7 万元，全部由杭州哲达科技股份有限公司提供，节能效益分享期由项目验收合格之日起执行，分享期 6 年。

（3）案例架构

神马股份压缩空气系统能耗高的主要原因为：1）吸干机能耗巨大，现有的吸干机为无热再生吸干机。无热再生吸干机采用变压解析原理，在再生工况下，再生罐完全放空，将罐内压力降到大气压，并利用压缩空气进行吹扫，吹扫的气体直接排空。为了保证-40℃常压露点的要求，再生罐和工作罐需要频繁切换，导致了大量压缩空气的消耗。2）管网压力等级有区别，但目前高压供气。3）压缩空气运行用能缺乏有效管控。

针对上述情况，该项目采取的技术为空压机余热利用技术、高效分级输送技术和空压机智能节能群控技术等。采用哲达科技研发的零气耗压缩热再生式干燥机替换无热再生吸干机，利用空压机排气的热量对干燥机的吸附剂进行再生，节约电加热能耗。同时，在传统干燥机的基础上实现了干燥吸附剂再生阶段的零气耗，节约了能量。高效分级输送技术根据用户两级压力需求，规划输送管网的压力等级（0.8MPa 和 0.65MPa），结合局部增压技术，实现压缩空气的高效分级输配。空压机智能节能群控技术通过传感器网络系统，在线收集压缩空气各项运转数据，基于所收集的数据进行优化调度算法，有效避免机组频繁启停，减少长时间卸载现象，保证现场用气需求，实现压缩机组的节能优化运行。压缩空气节能（CAEC）技术架构如图 4-1 所示。

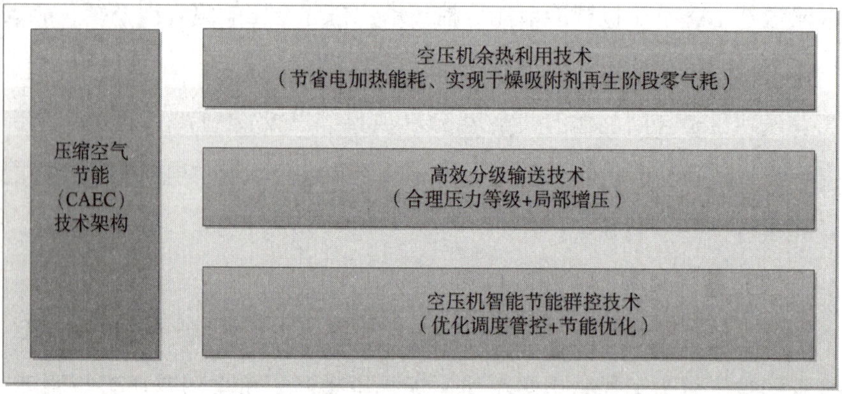

图 4-1　压缩空气节能（CAEC）技术架构图

（4）案例科学性和创新性

神马股份压缩空气系统节能主要采用的核心产品为哲达科技自主研发的零气耗压缩热再生式干燥机。由于现有的吸干机均为无热型干燥机，在吸附剂再生阶段通过干燥塔出口流出的干空气通过膨胀减压至大气压后流经饱和吸附剂，从而使吸附剂与其吸附的水分强制分离。脱附后，吹扫的气体直接排空。目前实际压力露点低于-20℃，耗气量不低于15%处理空气总量。零气耗余热再生干燥机的工作原理是利用空压机排出的高温空气所具有的热量，对经过吸附过程的吸附剂直接加热升温，使吸附剂得到彻底脱水再生，由于在加热再生过程时无耗气，所以可实现空压干燥机系统的零气耗，达到系统节能的效果以及用气露点-30℃以下的要求。在改造后，使产气与用气达到平衡，减少无热干燥机带来的损失。

采用的高效分级输送技术通过高低压分级输配减少管网压降，降低管网输送压力，合理分配气源，达到节能降耗的目的，同时管网压力的降低也有利于减少泄漏量。

采用的空压机智能节能群控技术，通过在线收集压缩空气压力、流量、温度、压力露点、压缩机功率和电机频率等各项运转数据，并通过优化调度算法，在低用气需求时可自动强迫电机卸载或停机，并依各压缩机的性能曲线，启动适合的压缩机进行供气，实现压缩机组的节能优化运行。

该项目采用的上述产品和技术解决了压缩空气在生产过程中动力设备负载不匹配、供气管网配置不科学等能耗浪费问题。

（5）案例经济效益和社会效益

1）帘子布公司的压缩空气系统共计2个空压站。改造前运行720h的电单耗为0.1552kW/m^3，改造后的电单耗下降至0.1124kW/m^3，节能率为27.5%，预计年平均节电量为880万kW·h~1000万kW·h，年节电收益554万元~629万元。

2）帘子布发展公司的压缩空气系统共计1个空压站，改造前电单耗为0.1765kW/m^3，改造后的电单耗下降至0.1392kW/m^3，节能率为21.1%，预计年平均节电量为162.5万kW·h，年节电收益99万元。

3）气囊丝公司的压缩空气系统含1个空压站，改造前电单耗为0.1885kW/m^3，改造后的电单耗下降至0.1379kW/m^3，节能率为26.8%，预计年平均节电量为478万kW·h，年节电收益304万元。

因此，神马股份空压节能改造项目预计年平均节电量为1521万kW·h~1641万kW·h，年节电收益957万元~1032万元，相当于可节约标准煤6067t~6546t，减少碳排放3449t~3721t。

由于压缩空气是仅次于电力的普及能源之一，能耗约占工厂总耗能的10%~35%。目前，压缩空气在工业生产中，仅有60%的能耗用于生产，其余40%的能耗浪费在动力设备负载不匹配、末端设备用气不合理以及供气管网配置不科学等问题上。因此，采用空压机余热回收、高效分级输送和智能群控等技术，满足市场对空压系统进行节能改造的需求，在大幅降低系统能耗的同时，使系统运行更稳定、可靠，推广应用前景广阔。

4.4 济南大陆机电股份有限公司

4.4.1 企业简介

济南大陆机电股份有限公司成立于1993年，2014年营业收入9000多万元，总资产近2.5亿元。公司主要围绕工业自动化、环境保护、节能服务三大领域开展业务。公司是国家高新技术企业、软件企业、国家火炬计划软件产业基地骨干企业，是山东省流程控制工程技术研究中心、省级企业技术中心。公司积极建设智能输配电及智能微电网产业网络信息平台，为集群和联盟企业提供综合服务，推动标准先行战略落地实施。

4.4.2 主要产品及研发能力分析

公司开发的项目产品主要应用在热电、化工、造纸、污水处理、政府能源管理部门等领域。建立企业级的能源监控管理中心，对生产线能耗情况进行监测、分析和管理，同时为政府能源管理部门实时掌控辖区内企业能耗情况、为政府部门制定政策提供依据。

公司与清华大学、上海交大等著名高校建立了良好的产学研合作关系，拥有自主知识产权的软件产品 17 项、软件著作权 36 个、发明专利 4 项、实用新型专利 4 项。公司参与和主持的国家标准有 10 项、地方标准有 2 项。

公司承担的“能源消耗分析管理系统”项目在 2013 年被国家科技部立项为国家级科技型中小企业技术创新资金重点项目，支持资金 120 万元。由公司承担的“能耗信息分析处理系统研发及产业化项目”在 2013 年被立项为国家电子信息产业振兴和技术改造专项，获得国家发展和改革委员会 350 万元的资金支持。

4.4.3 应用案例分析

（1）案例名称

案例名称为：烟台恒邦化工有限公司工业领域能源管理系统项目。

（2）案例简介

烟台恒邦化工有限公司是胶东半岛创建较早的化工企业之一，项目实施之前公司已经做了一些信息化建设工作，建立了 ERP、OA 及财务管理等信息系统，但是某些系统运行情况还不能达到精细化管理的要求，并且所建立的信息系统多为上层应用系统，主要进行相关业务的管理，并未实现管控一体的信息管理。此外，在能源管理方面，项目实施之前还没有建立统一的能源管理体系。

为解决以上问题，该项目实施的具体内容包括：

1）建立全厂能源数据采集网络，实现能耗数据及重要生产参数的在线采集；

2）建立所辖区域蒸汽用户用气量及供汽参数的采集网络，实现蒸汽供应及用户用汽状态数据的在线采集；

3）实现能源介质和重要运行参数数据可视化，通过网络图的方式直观展现各种能耗介质的实时能耗情况；

4）建立能耗指标体系，便于统计每个用能单元能耗指标是否在合理范围，例如，通过建立产汽、供汽、用汽指标及差值指标，随时掌握生产情况是否合理；

5）实现主要设备运行参数监测和越限报警功能，方便设备管理人员了解设备运行状况，发现异常及时处理；

6）能耗趋势对比分析，实现按照部门或者用能单元和主要能耗设备统计分析数据，形成能源日报月报。

（3）案例架构

根据企业现场原有能源消耗及排放情况，该项目采用“数据采集—数据存储—能源管理软件建设”技术路线。

1）数据采集方案。

①在中心机房部署数据接收终端设备及软件系统，用于接收各个计量点采集的数据，数据接收后，经解析存储到关系数据库中；

②使用 OPC 通信协议进行数据采集，在操作员站安装 OPC Client 数据采集软件，数据采集后使用 TCP 协议将数据通过生产网络经过防火墙发送到数据接收终端；

③锅炉工段在操作员站安装数据采集程序，通过 MODBUS 通信协

议进行数据采集，然后将数据使用TCP协议通过生产网络经过防火墙传输到数据接收终端；

④分布于辖区的蒸汽使用单位计量点，其现场流量积算仪表为WS-2000系列，提供基于MODBUS协议的RS-485接口，因此使用DLAT-1000型远程数据采集终端进行现场数据采集，并使用GPRS网络将数据发送到数据接收终端。

2）数据存储方案。在中心机房部署数据服务器，安装Microsoft Sql server 2008 RS企业版数据库系统，并针对项目建立实时数据库和查询数据库，在服务器中安装数据处理程序软件。

3）能源管理软件建设方案。根据企业实际需求，在原有大陆能源测量消耗分析系统（DLEA）系统基础上，做部分定制化开发，实现其特定需求。

该案例系统架构如图4-2所示。

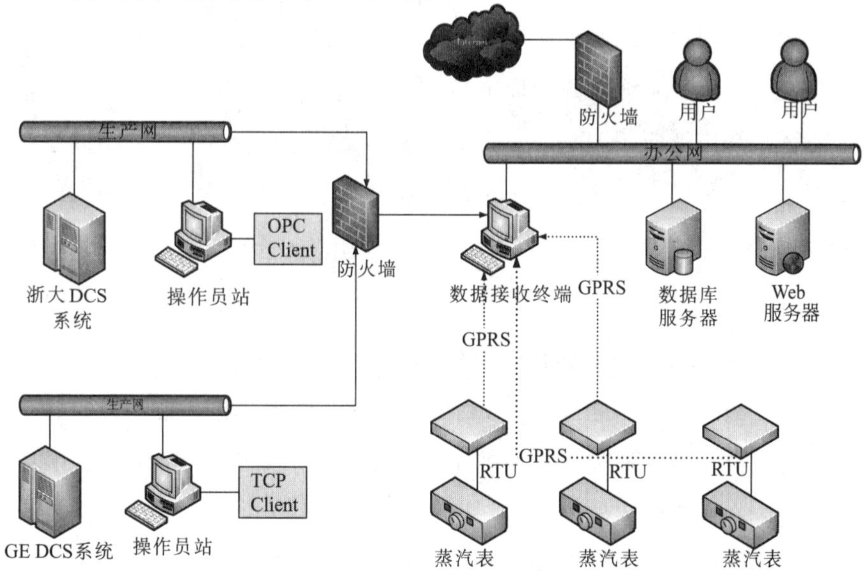

图4-2 系统架构图

（4）案例科学性和创新性

该案例是在大陆能源测量消耗分析系统（DLEA）基础上完成数据采集，根据企业实际情况，在企业数据采集过程中，使用无线与有线相结合的组网方式进行采集点与DLEA之间的数据传输。对于数据已经进入DCS、PLC等控制系统的数据采集点，直接通过DLEA使用相关协议进行数据采集，对于数据未进入控制系统的采集点，且分布比较分散的，使用ZigBee网络进行数据传输。

DLEA是济南大陆机电股份有限公司基于DLCS-3000e研发的具有自主知识产权的针对能源信息进行采集、汇总及分析的产品。它能完成板卡数据的读取、缓冲、上传及运算器冗余切换，运算器用来存储系统信息和过程运算策略与数据，包括：现场设备的通讯与运算、实时网络的数据交换、过程运算逻辑与回路调节算法的计算执行等功能。

其配套分析软件可以对所监测能耗数据进行实时展示、趋势分析、汇总统计，对重点用能设备进行能耗评价、能耗对标，并将实时数据汇总后统一上传至企业能源管理中心。

该系统广泛应用于电力、化工、冶金、建材等领域，根据不同设备的实时测量数据进行分析得出节能优化数据，实现能源的精细化管理。解决用能单位能源管理粗放、节能途径不明确、能源计量管理不规范的问题。

（5）案例经济效益和社会效益

该项目实施的合同价格为13万元，为项目的实施单位带来了直接的经济效益。同时通过该项目的实施，企业可实现全年节能5%，节省了企业能耗费用的支出。

该项目的实施将有效促进工业节能减排新技术、新工艺的研究与开发，提高节能降耗总体水平和可持续发展潜力。同时企业通过能源管理中心系统建设，解决了企业能源消耗计量不准确、管理粗放的问题。

该项目的研究和开发是政府信息化和企业信息化的密切结合，是保证企业能耗数据真实性的重要方法。随着新型能源管理模式的确立，政府能源统计、能源管理服务、企业能源和节能管理将有很大的发展空间。

4.5 山东省计算中心

4.5.1 单位简介

山东省计算中心（国家超级计算济南中心）成立于1976年，是山东省成立最早的专业从事信息技术研究的公益性科研机构。现有员工近300人，其中科研人员150余人、具有高级职称人员40余人、博士20余人，是一个有活力的科研团队。近3年来完成国家级科研项目15项，承担国家、省重点攻关项目、省自然基金、博士基金项目及其他省部级科研项目48项。

山东省计算中心智能感知与控制团队隶属于山东省计算中心，是国内最早开展无线传感器网络方面研究的团队之一。目前已承担多项国家自然科学基金、国家科技重大专项、国家科技支撑计划等项目，获得包含超低功耗技术、传感器组网等内容在内的十余项专利，是国家传感网标准工作组的骨干成员。在移动传感网、无线传感网、无线组网协议、传感网接口标准研究方面处于国内领先水平，开发出多项传感器网络应用系统。

4.5.2 主要产品及研发能力分析

中心研发的主要产品有：无线温湿度传感器、无线温度传感器、无线水浸传感器、无线门禁传感器、无线二氧化硫气体传感器、无线二氧化氮气体传感器、无线烟感传感器、数据基站等。目前，山东省计算中心拥有9个科技创新团队，分别为国家超级计算济南中心、山东省云计算中心、计算机取证与鉴定、智能感知与控制、无线通信、语音通信、高档数控国家工程研究中心山东分中心、数据灾备及标准研究、下一代互联网技术研究团队。中心拥有完善的研发、实验、测试、质量控制体系，并与国内外知名厂商有着紧密合作和联系。中心主导产品的核心技术均为独立开发，在各项产品上拥有完全的、独立的知识产权。目前中心前沿产品涉及医疗电子、节能减排、环境保护、数控、通信等方面，同时，在数据灾备、标准制定方面具有一定的实力。

4.5.3 应用案例分析

（1）案例名称

案例名称为：山东省云计算中心节能项目。

（2）案例简介

山东省云计算中心整合了齐鲁软件园、临沂分中心等多个云计算中心的资源，成为国内首个实现跨区域资源整合的省级云计算中心；获批了包括云计算工程技术研究中心、云计算应用技术创新联盟、云计算工程实验室、云计算软件技术中心等多个云计算方面的平台载体；云计算中心目前已经为数百家用户提供云服务。机房总共部署有2组UPS、34个机柜、7个配电柜、3台机房专用精密空调、9扇门等。案例实施前，机房年能耗量为125万kW·h，案例实施后，年能耗量减为96万kW·h,节能23%以上。

该案例基于数据中心能源消耗要素和测评指标，建立科学、完整、有效的数据中心能源利用测量与评估模型，使用有针对性的测量工具和测量方法，对数据中心的能源使用情况进行监控、获取、分析、统计，以得到全面、准确、及时、可用的能源利用数据。具体而言，该案例针对机房设备对环境要求高、能耗大的特点，研制出相应的超低功耗温湿度传感器、水浸传感器、无线门开关传感器和数据传输基站等，采用物联网技术，对数据中心环境进行在线监测，主要监测机房中各部位温湿度分布情况，并根据温湿度分布的在线监测情况，进行绘制冷气流量分布图，发现机房的局部热点，对出现的热点进行成因及消除分析，从而实现 IT 微环境（具体到机架和 IT 设备）降耗的精准控制。

（3）案例架构

该案例的技术路线如图 4-3 所示。

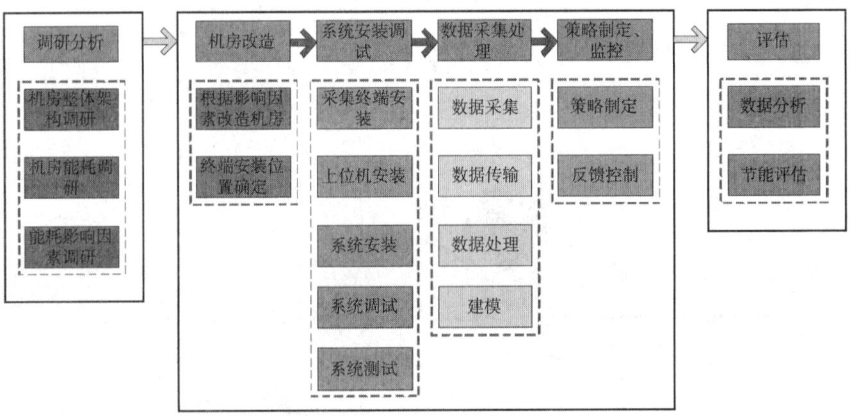

图 4-3　技术路线图

针对案例，为保证最大限度地减少能耗量，需要对机房内各参数进行测量，而测量方法的核心难点就是对数据的采集；测量对象包括温湿度、服务器、路由器、交换机、防火墙、机柜机架微环境、机房环境、空调（含新风机）、UPS、配电动力系统、其他的安全产品及存储设备、视频监控、门禁系统、使用电子配线架的综合布线系统、照明等。对部分参数进行测量时，如果部署传统装置，其数据输出以有线的方式，必须要有数据线部署到机架内部，势必破坏机架的气流通道，造成制冷效果的下降，耗能增加，极端情况，会出现局部热点而造成设备宕机，因此，采用有线的方式并不适宜，而采用无线的方式，在已经运行的机房中部署相应的传感器，可以避免对机房现有布线的改造。对于诸如路由器、UPS 等一些数据的采集，如果采用传统的总线方式，每个设备一般都需要有 com 口，以 RS232 串口方式输出数据，但是若采用 SNMP，一条网线即可实现数据的采集。另外，IPMI 是业界最先进的智能平台管理接口标准之一，是一个开放的标准硬件管理接口规范，其实现独立于操作系统，利用 IPMI 可以监视服务器的物理健康特征，能够获取诸如温度、电压、电扇工作状态、电源供应、机箱入侵以及重要系统日志等信息。因此在该案例中，数据采集尽量以无线、IP 网络为主，如图 4-4 所示。

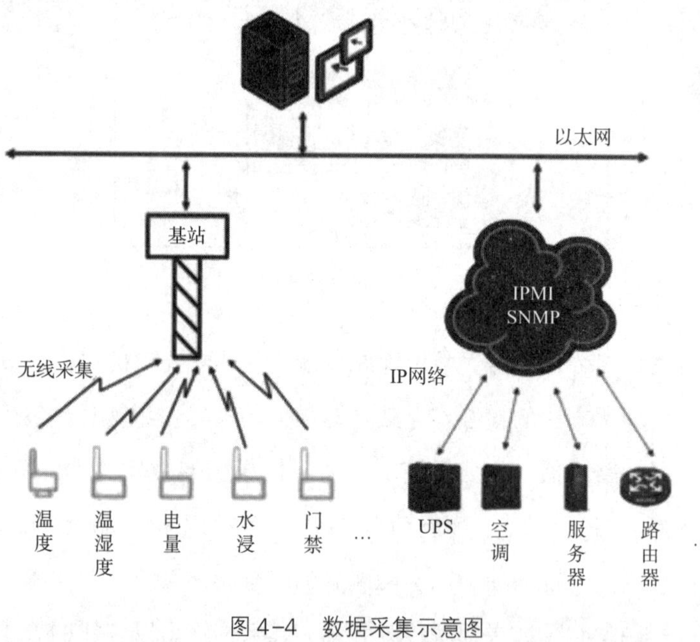

图 4-4　数据采集示意图

（4）案例科学性和创新性

1）超低功耗设计和超大占空比网络接口协议。该案例的技术创新点为面向工业开发超低功耗无线传感器，核心技术就是超低功耗，通过先进算法和节能技术研发传感器及由传感器组成的网络，实现确定性的电源管理和优化，部分传感器电池的使用寿命甚至达到10年以上。

2）物联网技术实现数据采集。该案例中，采用无线的方式实现对机柜内部温度、湿度的采集，同时实现对机房整体温湿度、门禁、水浸、各配电回路电量等数据的采集；通过IP网络，采用SNMP、IPMI技术，实现对空调、UPS、路由器、交换机、PDU、服务器等设备相关数据的采集，对机房现有布线改造，系统部署简单。

3）自适应能效优化方法。该系统中，利用电源控制机制，对直接处于空闲状态的服务器进行休眠、待机或者关闭操作；将计算负荷较低服务器上的虚拟机进行整合，将其迁移到其他未达到负荷上限的服务器上，释放更多空闲服务器，从而进行节能操作；当计算任务增多时，再唤醒相关的服务器，使其工作负荷实现高效均衡，提高了资源利用率；每次调整完后，继续进行环境能耗数据的采集，查看每次资源调配得是否合理，从而通过闭环反馈实现能源的最大优化。

4）运用三维云图进行能效优化分析。该案例中，首先对机房整体进行3D建模，逼真展现机房环境，然后对相关设备建立线路损耗测量模型、电能质量测量模型、能源使用效率模型，通过采集数据中心的能耗信息，对机房的能源使用情况进行建模分析，画出温湿度云图，并提出节能措施，部分节能措施可控。

（5）案例经济效益和社会效益

目前传统机房环境监控系统仅能进行粗颗粒度的管理，无法做到精细化管理。该案例的成功实施，将有助于实现数据中心的动力系统精细化管理、实现节能降耗目标，以山东省政府机关单位为例，省直属及市属机关机房约500个，加上省外企事业单位，机房更多。随着我国绿色数据中心概念的普及、国家和大众节能意识的增强，产品可被市场广泛接受，将实现更多的销售收入。

该案例关键技术研究与应用的成果，将解决在线监测控制领域系统内部的互联互通的关键问题，推进技术创新、开发关键设备，鼓励先进技术和装备的集成应用与推广，能够创造显著的经济效益。节能改造关键技术在信息机房的新建项目和节能改造项目的应用，预计推动实现上亿的节能技术改造投资，为在线监测系统与节能技术的应用和健康发展提供关键技术保障，大幅降低不同监测系统重复建设的资金投入。该系统在试点机房——山东省云计算中心单个机房进行了试验，在不考虑业务量增加的情况下，直观年度节电量达29万kW·h，实现节能23%。

数据中心节能改造关键技术研究与应用，将提升节能改造关键技术和设备的创新能力，以及建筑和信息机房等重点领域的可持续发展能力，夯实技术和管理节能的技术基础，实现显著的社会和环境效益。该案例的成果将直接应用于相关的新建和节能改造项目，有望实现百万吨级别标准煤的年节能能力。信息机房的单位能耗下降20%以上，实现显著节能效益，如相关技术方法和标准在全国20%的公共机构中推广实施，预计至少可实现年节能百万吨级别标准煤。

4.6 北京中创能环科技有限公司

4.6.1 企业简介

北京中创能环科技有限公司成立于2011年，注册资本400万元。

公司主营业务为技术开发、技术转让、技术咨询、技术服务；计算机技术培训；会议服务；基础软件服务；应用软件服务；计算机系统服务等。公司目前拥有9名专业技术研发人员，主要从事智慧能源网关的开发工作，并积极地推广智慧能源网关的市场应用。

4.6.2 应用案例分析

（1）案例名称

案例名称为：联想（北京）研究院 Smart Building 示范项目。

（2）案例简介

该项目涉及联想北研大厦B座4层办公区的智能建筑改造，具体包括B4层的3间会议室的智能照明、空调末端温控器远程控制；B4层实习生区域的智能照明、空调末端温控器远程控制的实施。该项目是一个Smart Building 示范项目，包括照明系统的改造和空调系统改造，并进行能源的可视化管理。

建筑原有系统情况为：1）普通三基色荧光灯照明；2）空调系统是手动操控；3）灯光系统是按照时间设定进行操作。

项目改造内容包括：1）将普通三基色荧光灯照明改成LED照明；2）加入智能温控器对空调系统进行控制；3）分别对工位照明和会议室照明进行改造，改成智能照明系统，兼顾节能和用户体验；4）能耗实时可视化。

（3）案例架构

该项目分为工区的 Smart Building 系统实施和会议室的 Smart Building 系统实施。

首先是工区的 Smart Building 系统实施，主要包括智能照明和空调、电器控制，如图4-5和图4-6所示。

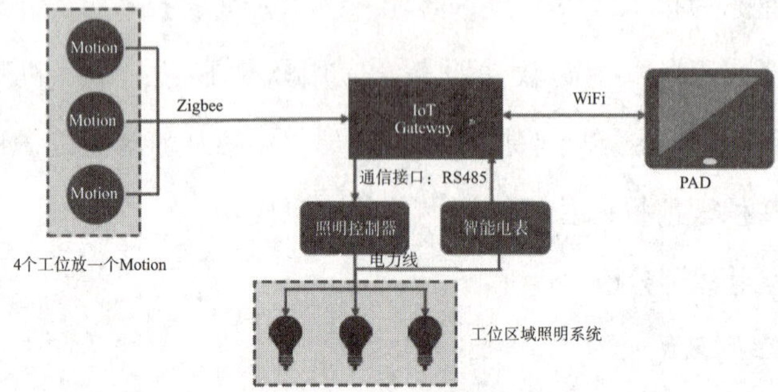

图 4-5　工位区域照明系统节能控制方案

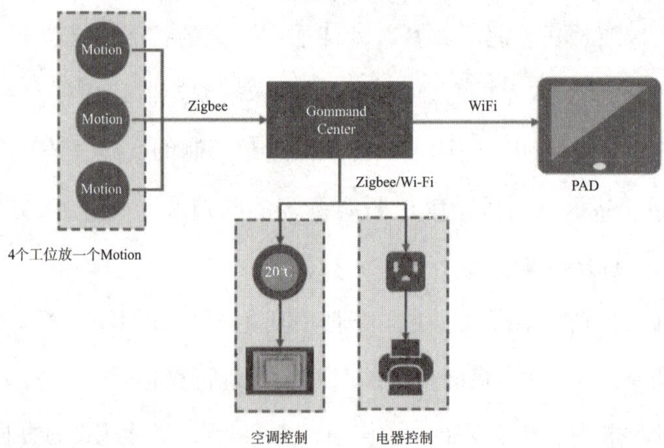

图 4-6　工位区域空调、电器节能控制方案

其次是会议室的 Smart Building 系统实施，主要包括智能照明和空调控制，如图 4-7 和图 4-8 所示。

最后是可视化部分，如图 4-9 所示。

该项目采用了基于英特尔夸克芯片的智能网关技术，数据传输采用了 IEC/IEEE 18880 国际标准协议的数据格式，数据统一传输到英特尔与智慧能源联盟共同打造的云平台上，并利用云平台的可视化功能进行数据展示。

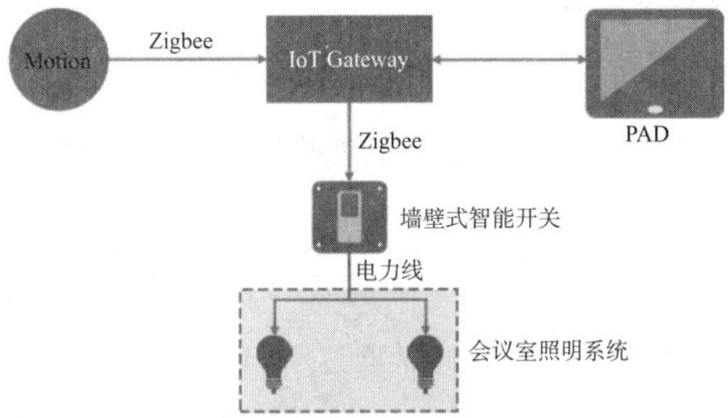

图 4–7　会议室照明系统节能控制方案

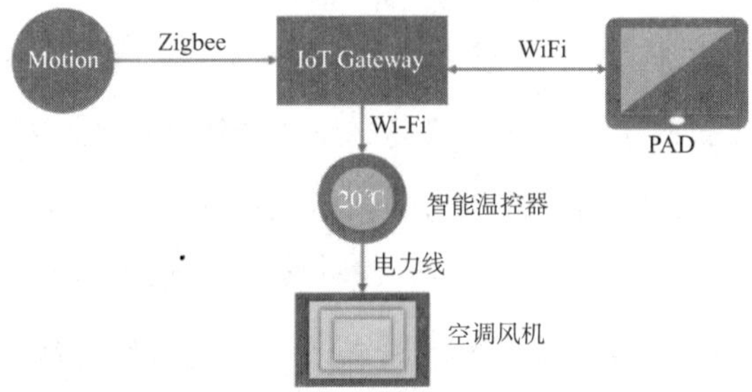

图 4–8　会议室空调节能控制方案

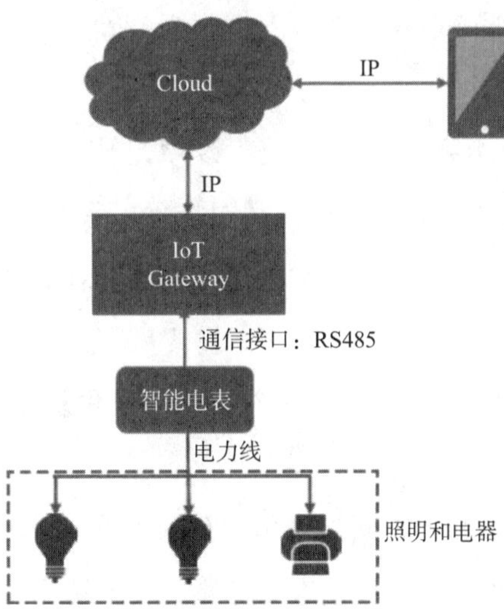

图 4–9　可视化方案

（4）案例科学性和创新性

该项目的科学性和创新性主要体现在4个方面。

1）基于英特尔夸克芯片的智能网关技术。“夸克”芯片比现在用在平板电脑及智能手机中的英特尔Atom芯片小5倍，能效则高10倍。“夸克”定位在目前和未来的Atom之下，无论面积还是功耗都要低得多，是专为超微型设备打造的超微型芯片。

2）IEC/IEEE 18880国际标准协议的数据格式。ISO/IEC/IEEE 18880标准是致力于利用ICT技术实现节能的创新型国际标准，该标准解决了不同传输协议的数据之间的不兼容性，通过ISO/IEC/IEEE 18880通信协议打破了能源信息孤岛，形成能源大数据。

3）数据统一传输到英特尔与中国智慧能源产业技术创新战略联盟共同打造的云平台上，并利用云平台的可视化功能进行数据展示。该云平台具备适合能源领域的业务模型建模工具，可方便方案公司自行建立各自的业务应用系统，系统支持二维和三维展示，可在实时数据采集与控制、地理信息服务和位置服务、视频服务等方面提供开放、可靠的公共服务。

4）CILLS智能照明控制系统。该项目使用基于物联网的节能型LED智能照明控制系统，基于物联网技术，采用ZigBee通信技术，实现智能照明的统一控制、管理，提出了精细管理的概念。该系统主要包含以下特点：

①系统通过赋予每一盏灯一个唯一的身份标识，记录灯具运行的数据。

②色温调节中的智能调光技术。智能调光技术通过无线命令信号，控制输出电流大小进行调光，有效地避免了传统调光技术在调光过程中闪烁的情况，使人的视觉更加舒适。

③自适应照明环境。统计用户的照明使用习惯和灯光偏好，结合环境光的亮度情况，自动匹配用户最舒适的照明环境。

该项目的成果已经形成以下专利技术：

1）基于物联网的非易失型 LED 灯运行数据记录方法。实时记录 LED 的运行数据（累计工作时间、累计消耗电能），可以用于检测 LED 灯的亮灯时间，用于判断该 LED 灯是否为新灯，同时也可以判断 LED 灯的质量；支持和外部的系统通信，可以把数据导入外部系统，便于外部系统获取、存储、分析该灯的运行信息。

2）基于物联网的 LED 智能照明节能控制方法。照明控制网络系统是由一个主控节点、多个分控节点以及更多的单元节点组成的三层两级网络。在最底端，单元节点负责照明现场的状态检测与控制输出，具体面向的可以是一个房间、一个相对独立的区域或其他需要较多关联控制的场合。在最顶端，主控节点负责整个系统的功能协调与状态监测。一方面，主控节点收集所有单元节点的状态信息，执行必要的本地集中控制；另一方面也可能在需要时通过高级网络接口连接到局域网，按高级管理部门的要求提供定期数据报告以及接收控制数据更新和遥控遥测命令。

3）双路 LED 照明单驱动色温调节电路。基于反相器的设计实现了以单驱动方式对具有不同色温值的两路 LED 灯的亮灭进行控制，达到了对色温的有效调节，色温调节效果好，舒适度好，且具有控制简单、工作稳定可靠、硬件成本低、使用寿命长的优点。

（5）案例经济效益和社会效益

该项目的商业模式是甲方直接投资改造。预计改造完成后，整体节能 25%以上，还可以给客户提供更好的工作环境体验。而且，通过将能耗数据上传到云平台，通过可视化软件予以展示，方便用户对建筑能耗数据进行分析管理。

该项目方案具有节能性、舒适性和先进性，具有良好的发展前景和推广潜力，可以在商业楼宇进行复制推广。

4.7 广州智光电气股份有限公司

4.7.1 企业简介

广州智光电气股份有限公司是能源领域的高新技术企业和软件企业，成立于1999年，2007年在深圳交易所上市。公司专注于电气智能化控制技术的研究以及产品开发、产业化和应用，并致力于能源动力领域节能增效技术研究以及解决方案设计、工程应用和服务提供。同时公司还开展清洁能源、可再生能源等新能源、分布式能源与传统能源相结合的技术研究和综合利用业务，提供的节能增效服务不限于技术和产品，也包括项目咨询、设计、投资、实施、运营和管理等内容。

4.7.2 主要产品及研发能力分析

公司将数字化技术应用于电力系统，以提升电力系统的安全性、稳定性和自动化、智能化、信息化水平。

（1）电网安全与控制领域

电网安全与控制领域的KD-XH配电网智能化快速消弧选线系统，属电网安全与控制类设备，该设备安装于6kV~66kV电网中性点。在电网发生接地故障时，该设备自动调整电感值，将接地电流控制在允许范围内，使接地点不产生电弧，避免对人身设备造成伤害，同时可快速选线，识别出故障线路方便检修，提高了电网供电可靠性和安全性。广泛应用于电网、大中型工业企业、市政建设和基础设施。该产品拥有多项发明和实用新型专利，公司作为行业内唯一厂家负责起草了电力行业标准 DL/T 1057—2007《自动跟踪补偿消弧线圈成套装置技术条件》。

（2）电机控制与节能领域

电机控制与节能领域的 ZINVERT 型智能高压变频调速系统，安装于电源与电动机之间，通过调节输入高压电动机定子绕组的电源频率和电压来调节电动机的转速，达到节能的目的，同时改善电机系统的运行工况，提高设备的工艺水平，广泛应用于电力、建材、冶金、化工、煤炭等高能耗行业，对风机、泵类的平均节电率高达 20%。公司自主研发、生产的超大容量高压变频调速系统已在冶金高炉鼓风机、大型火电机组引风机、水泥高温风机等重要设备中得到广泛的应用。

（3）供用电控制与自动化领域

1）ZG-dSVC 高压静止无功补偿系统。该产品是综合应用现代大功率电力电子技术、电能质量控制技术及自动化技术而研制开发。广泛应用于电网、电气交通、冶金、油田、矿山、新能源、化工等行业。

2）Me 800 配电监控与电能管理系统。该系统专用于厂矿企业、市政建筑、智能小区或大型楼宇等配电系统及终端用电单位，通过实现配电系统的实时监控及自动化管理，达到可靠用电、节能管理和优化排产的目的。

（4）电力信息化领域：HVM2000 变电站状态监测全景信息平台

该平台为面向变电站状态监测的解决方案，建立站内状态监测全景数据的统一信息平台，提供状态信息的采集、建模、分析处理、存取、转发等基础数据服务，并实现状态监视、状态预警、状态综合分析评价等高级应用。系统由就地监测层、站端控制层和远方监控与数据采集管理层三大部分组成，满足智能变电站通信要求。

（5）工业电气节能增效整体解决方案

公司通过自主创新、系统集成打造工业电气节能增效整体解决方案，协助用户实现节能降耗和产业升级。技术与产品从降低能源消耗到加强能源使用管理水平，主要包括3个层面，如图4-10所示。

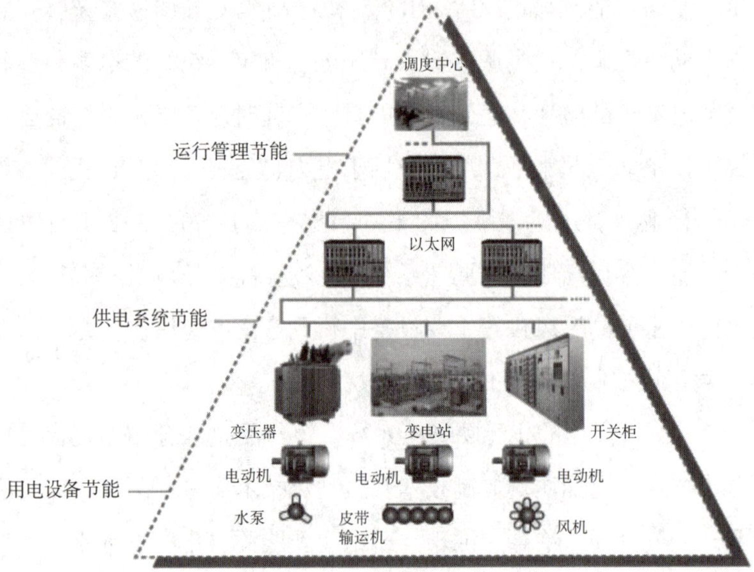

运行管理的节能增效	供电系统的节能增效	用电设备的节能增效
进行安全性评估	提高功率因数	直接降低电耗
提高用电可靠性	减少电力输送损耗	提高设备使用率
提高节能的管理水平	提高电能质量	提升设备的工艺水平
优化排产，提升单位能耗的生产效益	提高供电设备的利用率	延长设备使用寿命
	提高供电安全性	减少设备维护量

图4-10　工业电气节能增效整体解决方案

4.7.3　应用案例分析

（1）案例名称

案例名称为：南方电网宝清储能电站10kV级联型能量转换系统研制项目。

（2）案例简介

深圳宝清电池储能电站隶属于南方电网公司调峰调频发电公司，位于深圳市龙岗区，该储能电站输出为10kV的工业用电，主要服务于碧岭变电站管辖区域。宝清储能电站设计容量10MW，预计分为三期建设，其中一期容量4MW，于2012年投入运行，二期容量2MW，于2014年年底完成调试开始并网运行。宝清储能电站的储能系统按照功能可以分为蓄电池、蓄电池管理系统（BMS）、能量转换系统（PCS）、储能站监控系统等主要部件。宝清站能量储存系统具有以下功能：1）削峰填谷，将用电低峰期电网多余的电量存储起来以备高峰期供负载使用；2）电能质量，参与电网的调频和调压，提高电网运行的电能质量；3）科研项目，开展多种技术方案研究，探索储能电站的实际应用效果；4）紧急备用，为深圳局部重要负荷提供应急保障，保证客户用电万无一失。

宝清储能电站一期工程的技术方案以低压能量转换系统为基础，系统的拓扑结构如图4-11所示。能量转换系统包括了DC/AC变流器和升压变压器，DC/AC变流器将电池的电能从700V直流变为380V交流，升压变压器再将变流器380V的电能升压至10kV后馈入电网。

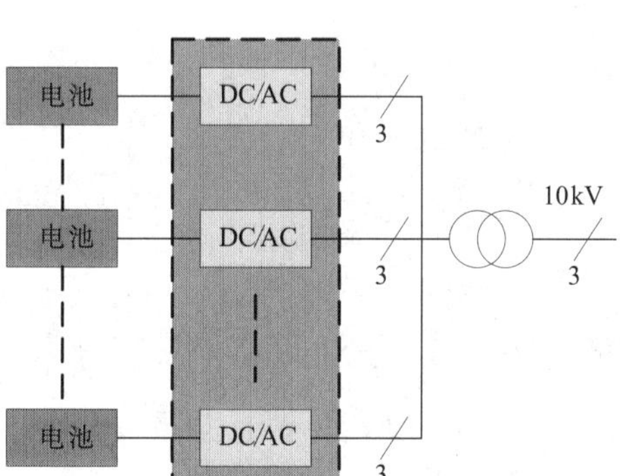

图4-11　采用低压能量转换系统的储能系统拓扑图

上述技术方案的主要不足就是电池与电网之间的能量转换经过了变流器和变压器两个环节，这带来了转换效率和响应时间的问题。经过实际测试，低压能量转换系统的额定转换效率为94.6%，储能电站一期工程每天工作两个循环，储放电能为8MW·h，则能量转换系统损失的电能约为850kW·h，考虑到电池储能系统高昂的单位造价、折旧费用和维护费用，提高储能系统的转换效率具有显著的现实意义。

为了解决宝清储能电站一期工程存在的问题，宝清储能站二期工程采用高压能量转换系统的技术方案，全面提升了储能电站整体的技术水平。

（3）案例架构

该项目的高压能量转换系统采用功率链节级联技术，无需使用升压变压器即可直接接入10kV电网，因此称为10kV级联型能量转换系统，相对于原有的低压能量转换系统优点主要体现在：1）直接接入高压电网，避免变压器的能耗；2）模块化程度高，系统容量容易扩展；3）实际开关频率低，功率链节发热量少，有利于散热控温；4）等效开关频率高，谐波含量低，电能质量高。

10kV级联型能量转换系统（简称：级联PCS）是一种AC/DC双向功率变换器，实现电池和电网之间的功率双向流动。经济、可靠、高效是功率变换器的重要指标。该方案中的功率转换系统采用H桥级联结构，如图4-12所示；同相的H桥功率单元级联后经过连接电抗器接入10kV/50Hz

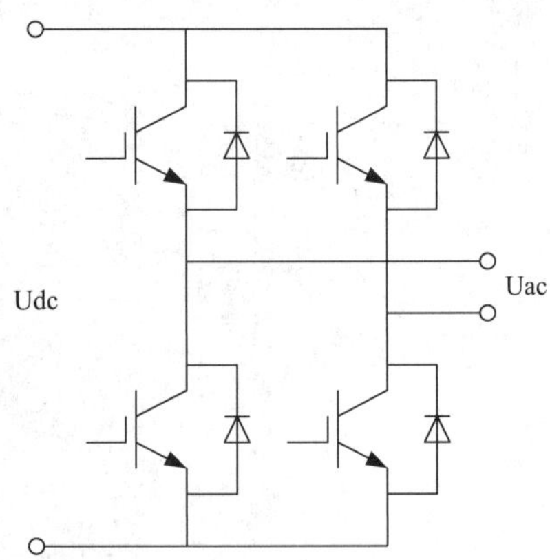

图4-12　H桥功率单元结构示意图

电网，如图 4-13 所示。H 桥功率单元采用单相 PWM 电压源型变换器（VSC）结构，实现电能的 AC/DC 双向变换。

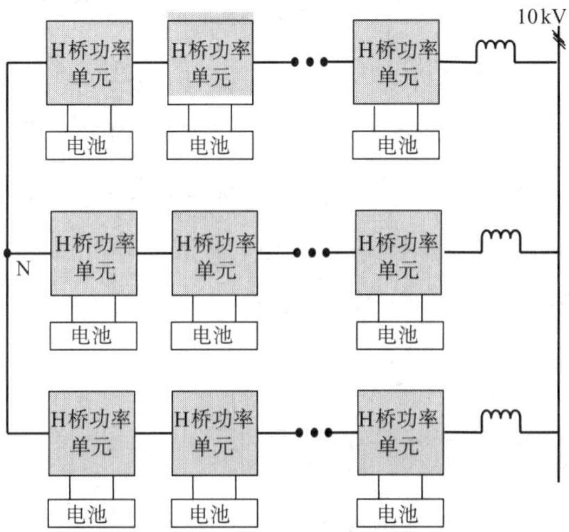

图 4-13　高压能量转换系统示意图

10kV 级联型能量转换系统的主要功能包括以下内容：1）能量转换系统（PCS）设计具有并网电流控制、电池充放电工况管理及相关检测和保护等功能，通过光纤接口与电池单元交换温度、SOC、均衡电路状态、安全与故障等信息；PCS 通过 IEC 61850 与系统监控系统进行监测及控制信号的交互；2）H 桥功率单元的保护分硬件保护和软件保护两部分，硬件保护包括功率单元自身保护、驱动电路光耦保护、主电路电气保护等，软件保护主要是检测主电路、功率单元及电池单元的电压/电流/温度等信号进行过压、过流、过温等保护；3）通过 Park 变换和锁相环技术实现有功无功解耦控制，PCS 可实现对电池充放电和无功功率的独立控制；4）PCS 具有低电压穿越能力和孤岛运行能力，可在电网跌落时保持运行，并提供一定的支撑，可在孤网状态下，为指定的负载提供电能；5）PCS 可以实现两级的 SOC 均衡功能。对于三相三线星型接线装置，中心点电位的偏移将导致三相输出功率的不平衡。

为满足宝清储能电站的应用要求，10kV 级联型能量转换系统需要与储能电站的其他设备完成一次部分（高压强电部分）和二次部分（低压控制部分）的连接和配合。一次部分的连接关系如图 4-14 所示，10kV 级联型能量转换系统分为 ABC 三相，每一相由 20 个功率模块构成，每一个功率模块的直流侧与对应电池堆相连以构成一个功率链节，每一个功率模块的交流侧依次相连构成一相换流链，每一个换流链均经过电抗器和开关后接入 10kV 电网。

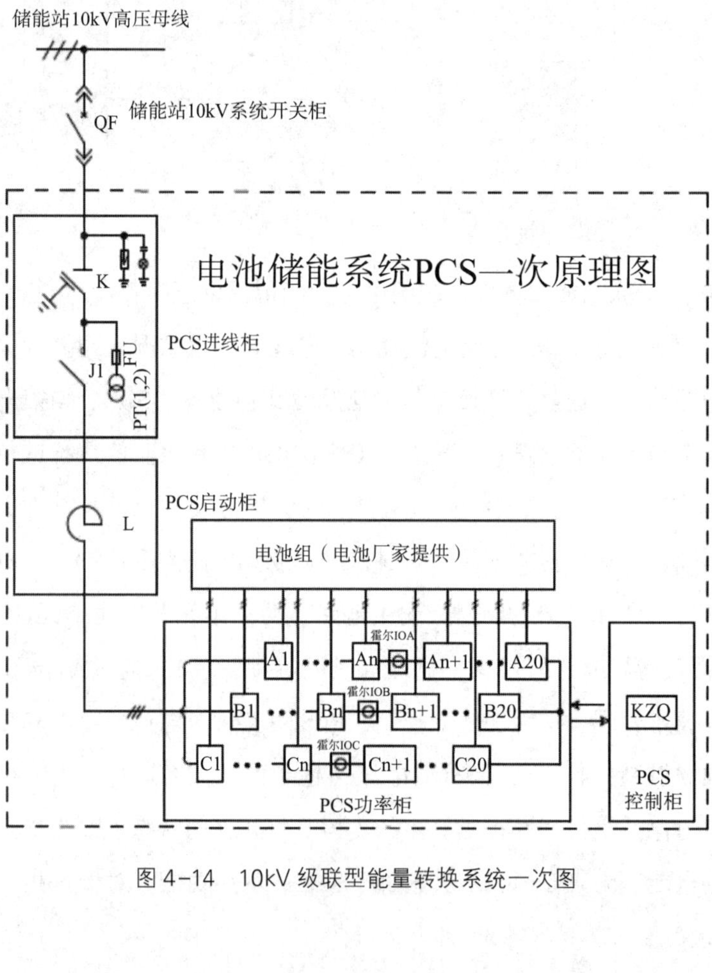

图 4-14　10kV 级联型能量转换系统一次图

二次部分中关于通讯功能的连接关系如图4-15所示，10kV级联型能量转换系统的主控器分别与每一个功率链节的控制板相连，同时经过规约转换装置与负责储能电站整体控制的高级应用服务器和监控系统相连。

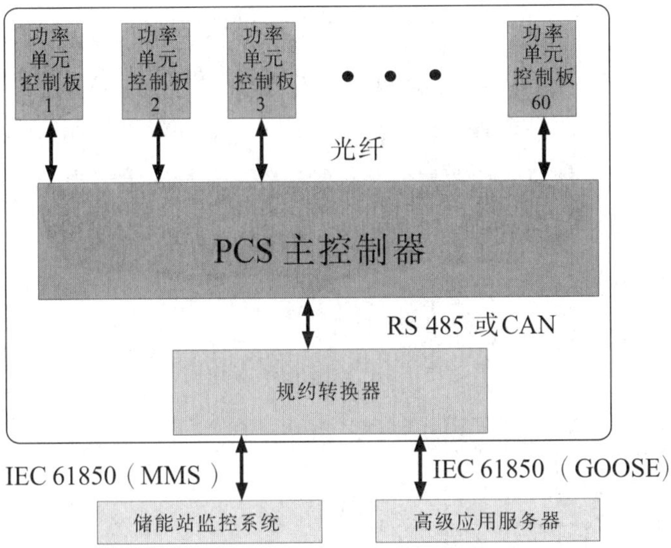

图4-15 10kV能量转换系统通讯方案连接图

主控制器是10kV级联型能量转换系统的控制核心，一方面接收高级应用服务器的调度指令，反馈自身的工作状态至后台监控系统，另一方面按照调度指令控制各个功率链节工作已输出所需的能量，检测能量转换系统和电网的状态以执行必要的保护动作。主控制器的控制功能包括：

1）能够控制电能的四象限运行；

2）具备单元故障旁路功能、低电压穿越功能、支持黑启动；

3）可孤网、并网运行及切换；

4）具有对电池单元SOC的相内均衡功能、具有对电池单元SOC的相间均衡功能；

5）能够监控系统的控制指令对电池进行充放电；

6）能够处理电池管理系统的各种告警信息，以确保电池的安全；

7）能够控制充放电过程符合电池的充放电特性；

8）能够与系统内的蓄电池管理系统（BMS）通信；

9）在任何工况下都应保证自身、电池和人员的安全。

主控制器的控制内容包括装置的逻辑时序、充放电控制、孤岛策略等，为了保证电池组的使用寿命和正常工作，还应对流经电池组的二倍频电流和工模干扰问题进行优化和控制。主控制器对有功功率和无功功率进行优化和控制。主控制器对有功功率和无功功率进行解耦控制的过程可以用图 4-16 进行说明。

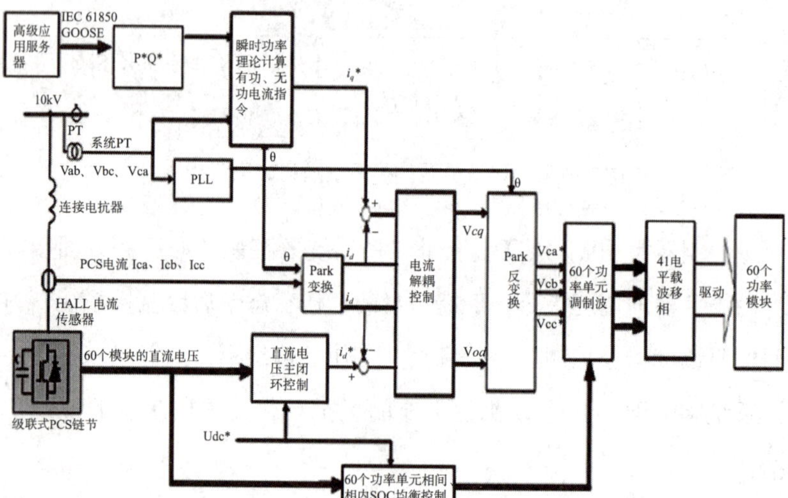

图 4-16　10kV 能量转换系统控制流程图

（4）案例科学性和创新性

10kV 级联型能量转换系统为目前已投入的电池储能系统中电压等级最高、单台容量最大的能量转换系统，具有多项特有技术，包括：

1）具备无需使用变压即可接入 10kV 电网的能力；

2）整体能量转换效率≥97%；

3）能量转换系统可通过系统并联扩展功率容量；

4）具备部分功率链节故障后冗余运行能力；

5）具备电网故障后的低电压穿越能力；

6）具备相内、相间两级电池的 SOC 均衡功能；

7）具备 GOOSE 网通讯响应时间不大于 5ms 的快速通讯功能；

8）具有完备的故障处理及保护功能；

9）配套 240 路 10kV 等级电量隔离测量信号模块；

10）兼有并网模式和离网模式两种工作模式，并可根据需要进行切换；

11）并网模式额定负荷输出电流畸变率低于 3%，离网模式输出电压偏差低于 3%；

12）在极端情况下可实现 1.2 倍过载持续运行。

该项目获得多项先进专利技术，整体性能指标填补了电池储能系统中能量转换系统的多项技术空白，全面提升了电池储能系统的整体技术水平。

（5）案例经济效益和社会效益

该项目研制的 10kV 级联型能量转换系统经过实测，其转换效率达到≥97%，与原有的能量转换系统相比将可将储能电站二期工程的转换效率提高 2.5%，按照每天循环两次，即每天输出 4MW·h 电量进行估算，可减少能量损失约 200kW·h，按照全年工作 300 天计算，全年可降低能耗 60000kW·h。这将大大提高储能站整体效率，进一步发挥电池储能对电网的贡献。

该项目研制的 10kV 级联型能量转换系统的响应时间可达到 4ms 以

内，与原有的能量转换系统相比快了6倍，优良的响应能力将极大地提高储能电站作为备用电源的投入速度，避免重要负荷出现供电中断，增强了储能电站的实用性。

大容量电池储能电站在未来有着广泛的应用前景，1）可以提高电网运行的稳定性，改善负荷峰谷变化对电网运行造成的冲击；2）可以为重要负荷提供质量更好的电源供应，避免短时停电造成严重后果；3）可以为淘汰的动力电池的再利用提供场合，进一步提高动力电池的使用寿命和经济效益；4）电池储能技术可以作为缺水地区储能技术的补充，降低对水资源的依赖和消耗。该案例的10kV级联型能量转换系统大大提升了储能电站的技术水平，增强了储能电站的实用性和可靠性，为大容量储能电站的全面推广提供了技术保障。

4.8 大连汇能科技股份有限公司

4.8.1 企业简介

大连汇能科技股份有限公司注册于1999年，是节能服务行业的高新技术企业。公司业务范围包括：政府能源监管平台、服务平台、监察系统；工业企业能源管控中心、节能诊断系统；园区、企业安全生产监控预警与应急指挥中心；热力系统节能工程；能源审计、节能评估、节能诊断服务等。

4.8.2 主要产品及研发能力分析

公司的核心产品包括：汇能Ex系列能源管控软件、汇能机械企业节能诊断软件、汇能节能云平台等。公司的核心技术包括：能效分析诊断技术，双引擎数据检索技术，能源在线监控、诊断与管理信息系统技术集成等。

目前，公司拥有软件著作权16项、实用新型专利7项、省部级科技进步奖2项、市级科技进步奖1项、省部级自然科学学术成果奖1项。

4.8.3 应用案例分析

(1) 案例名称

案例名称为：大连华锐重工集团有限公司企业能源管理中心项目。

(2) 案例简介

大连华锐重工集团股份有限公司是国家重机行业的大型重点骨干企业和新能源设备制造重点企业。项目实施之前能源管理状况是：人员和设备分散、通讯和联络手段单一滞后，管理人员无法及时准确掌握整个能源系统的加工、转换情况，不能及时了解能源系统的运行状况，对整个能源运行过程的组织、指挥、协调、监督及管理方面存在很大困难。能源计量数据的手工抄录不断增加了操作人员的工作强度，而且不能确保抄录数据的同步性、及时性和准确性。数据整理和计算工作占用了工作人员的大量精力，导致在深入分析企业能耗情况以及节能诊断工作等方面投入不足。而且有些能效分析仅仅是依靠经验进行定性分析，缺少量化的数据支持，不适合现代化企业发展的需求。

根据以上问题，该项目实施的具体内容包括：对企业能源消耗过程的远程在线监测、大屏幕动态显示、自动生成能源统计台账及报表和能源消费档案，通过信息化手段管理企业节能指标定额制定及下达、节能工作绩效考核等工作，采用能效模型分析诊断用能薄弱环节、计算节能潜力，生成各种能源管理报表和报告，并向省及市能源信息平台快捷上报。实现能源计量仪表、重点耗能设备、节能技术文档、企业能源管理制度等内容的信息化管理；对能源消费数据进行综合分析，包括能源消费统计分析、重点用能单位分析、重点耗能设备分析及淘汰识别、能源价格走势分析、五大基地能耗分析、二级变电所电能质量分析、能源消费关键影响因素分析、节能绩效考核分析、能源流向及网络图自动生成、能源成本核算与损耗智能分摊以及成本分析、能耗限额及关键能效指标对标分析；对企业用能系统进行分析诊断，包括工厂照明系统能效诊断、蒸汽锅炉系统能效诊断、铸钢电炉能效诊断、热处理炉能效诊断、能效薄弱环节能效诊断等内容。建设范围覆盖大连重工泉水、中革、旅顺、双 D 港、瓦房店五大重点生产基地共计 15 个独立核算的单位，并对重点耗能单位华锐铸钢公司的下级车间及重点耗能设备铸钢电炉进行能效监控和分析。

（3）案例架构

该案例技术架构如图 4-17 所示。

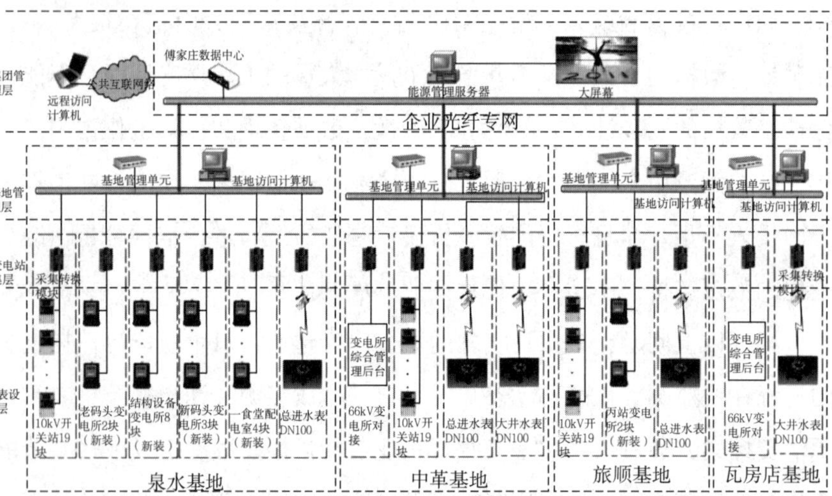

图 4-17　案例技术架构

该案例技术路线为：

1）应用系统采用 B/S 架构，基于 MVC 模式的 J2EE 开发；

2）通过加装仪表、改造采集设备或系统数据接口多种方式采集实时数据；

3）通过集成专利能效分析诊断模块实现各行业耗能装置的能效分析；

4）通过嵌入商业智能（BI）软件实现报表图形的动态、直观的表达；

5）通过采用双数据引擎及灵活的软件架构实现系统功能、页面、按钮灵活可配。

（4）案例科学性和创新性

1）案例特点：与企业用能装置、系统紧密结合，实现了用能装置及系统的能效在线监控及分析诊断；系统符合国家及行业相关标准，能够与企业能源管理体系实施良好结合；系统采用模块化设计，采用双数据引擎技术，使用户可以快速地获取数据信息，可以灵活应对今后工作变化带来的新的使用需求，无需重新设计和开发，维护方便、成本低。

2）解决技术瓶颈：实现了对企业能耗数据的深度挖掘，将能效分析深入到设备层面；通过小偏差技术实现了耗能单位能耗影响因子的量化分析；采用双数据引擎和灵活的软件架构，能够满足企业未来不断变化的需求，降低企业建设和运营成本。

（5）案例经济效益和社会效益

通过能耗在线监控、能源信息化管理、在线节能分析诊断、优化能源供应等方式避免能源浪费、提高能源利用效率，年节水16万t，节能2800tce，节约人力成本160万元，年综合节能效益可达500万元。

实现了能源管理过程的数字化、网络化、标准化和可视化，促进企业在节能减排方面的技术进步；降低温室气体和废弃物质的排放量，有利于环境保护；减少员工在恶劣环境作业时间，增强人员的安全性。

4.9 东方电子股份有限公司

4.9.1 企业简介

东方电子股份有限公司成立于1994年，是注册资本近10亿元的上市公司。公司的主营业务是为电厂、电网直到最终用电客户整个电能量传送过程提供自动化控制解决方案。涉及的行业领域主要有：电力公司、电厂、煤炭钢铁、石油化工、电气化铁路等等。公司从事电力调度自动化产品开发30余年，已有调度自动化产品四代十几个产品系列，市场占有率达到30%，居国内领先地位。截至2014年，公司总资产31亿元，净资产17.5亿元，实现销售收入18亿元，净利润1.1亿元。

4.9.2 主要产品及研发能力分析

公司主要产品包括：1）从发电侧到用电侧系统集成的能源管理解决方案；2）保护及综合自动化系统解决方案、智能变电站；3）电能量采集及计费自动化系统；4）高低压变频节能系统；5）智能电源系统；6）移动监控系统、轨道交通综合自动化控制解决方案；7）工业控制系统解决方案。

在电力自动化领域，公司拥有发明专利25项，其他专利、著作权120多项。先后承担国家高新技术产业化项目、重大技术装备项目及省市各类项目30多项，获省市科技进步奖、优秀新产品奖、发明奖共40余项，平均每年完成新产品、新技术研究开发项目30余项。

4.9.3 应用案例分析

（1）案例名称

案例名称为：能源领域DF8003D新能源监控运维管理解决方案。

（2）案例简介

青海省玉树州曲麻莱县电网是一个孤网系统，电网为10kV系统，共计接入43个负荷节点；其中电厂除本工程新建光伏电站外，还建设有聂卡水电厂和曲麻莱水电厂。光伏电站项目总装机容量为7.203MWp，电站采用全光伏储能发电模式，光伏电站采用锂电池储能系统5MW·h、铅酸蓄电池储能系统20.7MW·h，储能总容量为25.7MW·h。项目于2013年5月22日开工，2013年12月12日发电。东方电子承建青海省玉树州曲麻莱县离网光伏电站工程项目智能化部分，该部分为监控运维管理主站、一次设备、保护终端、视频、通信综合集成交钥匙工程项目。其中监控运维主站采用光伏站监控运维管理系统实现曲麻莱电网调控、光伏电站监控以及电网故障处理功能。光伏电站运维主站采集整个光伏电站设备的运行信息，根据光伏出力、储能状态、负荷情况进行分析，经过逻辑运算和预判功能协调三者的关系。为了处理好光伏电源点、储能电源点、小水电电源点与负荷分配的关系，光伏电站开发了一套微网负荷控制系统，合理控制电源点出力和负荷之间的关系。

项目于2013年10月安装调试，2014年3月通过验收。系统在建设过程中整合原本分散的新能源电站信息，实现对电站群的集中监视、运行管理、集中检修管理、集中经营管理和集中后勤管理，使分散式的新能源电站有了集中的大脑，并且实现调控中心的全景展示。

（3）案例架构

系统改变传统的单一电站管理为集团化电站管理。一方面远程实时监控电站设备运行状况，提供发电量、电站功率、设备功率等信息及设备信息查询，生成报表等。另一方面为用户建立标准化、精细化的运行维护管理平台，实现所有新能源电站的实时标准数据信息共享、自动化管理、电站设备故障预警、远程专家咨询和分析评估、收益结算等功能。从而及时发现电站的故障和利润损失，集控端统一电能监视，全景展示。同时，可将电站数据信息统一纳入智能运营系统数据中心，并根据用户需求将指定电站数据转发至当地电力公司数据中心、企业集团数据中心、各省市节能环保中心、可再生能源中心数据中心等，实现数据的多向共享。

系统采用集中监管、分区运行的运维模式，通过分布式实时的数据采集、数据处理，统一的数据存储、系统管理，灵活的责任分区、数据分流、信息分类技术，实现异构环境下的、分布的、可扩展的大集控全面解决方案。系统分为展示层、应用层、服务层、总线服务层、基础ICT层。应用层负责与使用者进行交互，将使用者所需数据以直观、合理的方式按照使用者的需要展现给使用者，并记入使用者的输入信息或操作指令，以传递给服务层进行处理。服务层负责进行业务的实际处理、数据运算、处理流程的控制；底层接入负责与设备进行通讯，从设备中获取数据，并进行解析，转换成系统能够识别的数据格式；同时，还提供以上的逆向处理，即将系统发送给设备的信息组织成设备能识别的格式并传送给设备。该案例系统架构如图4-18所示。

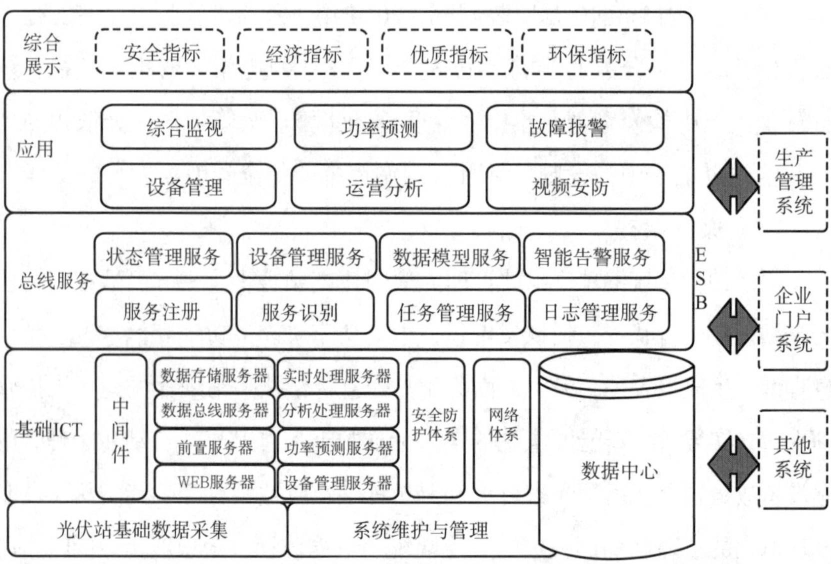

图4-18　案例系统架构

（4）案例科学性和创新性

1）基于 IEC 61970/61968/61850 基础平台构建。系统的基础平台实现各个系统间信息的集成，使信息资源顺畅流动、有机整合、灵活展现。遵循 IEC 61970/61968/61850 构建，整体架构符合国网和南网相关标准，集成、开发与运行环境包括了实时数据总线、调度服务总线，以及统一数据访问服务、控制服务、图形服务、曲线服务、发布订阅服务、报表服务、报警服务、短信服务、快照服务、HED-CIS 服务等领域服务，配置服务、权限服务、工作流服务、注册服务、日志服务、目录服务、安全服务、系统环境与运行监视服务等基础服务。

2）ESB 总线构建。ESB 是系统平台的核心，该服务总线遵循面向服务架构（SOA）思路，严格执行国网标准规范、尊重及协调调度中心的具体业务流程，为调度中心的精细化和智能化运行及管理提供技术支持。在基础平台上构建不同业务应用松耦合的 WebService 服务，通过注册中心统一管理、发布，基于动态发现协议的名称服务，真正实现服务的即插即用，并内置服务的负载均衡与失效备援机制。遵循 IEC 61970、IEC 61968 标准，具备 IEC 61970 组件访问接口，遵循 SVG/G 标准实现图形的标准化。在 IEC 61970-301 电力系统公用数据模型的基础上，扩展 CIM/E，解决了以 CIM/XML 方式进行描述时的效率问题。

3）基于 SOA 的松耦合架构。系统独立于实现应用服务的硬件平台、操作系统和编程语言，总线为核心，建立中立方式的服务接口，明确各业务系统间相互交互的接口规范，消除接口协议的二义性，增强系统集成的灵活性，按照 SOA 目标架构和服务的功能属性，在服务集成架构上需要部署分层服务。

4）数据中心。为用户建立标准化、精细化的运行维护管理平台，建立统一的数据中心，实现电站的实时标准数据信息共享、自动化管理、电站设备故障预警、远程专家咨询和分析评估、收益结算等功能，实现数据的多向共享。图 4-19 为光伏数据中心架构示意图。

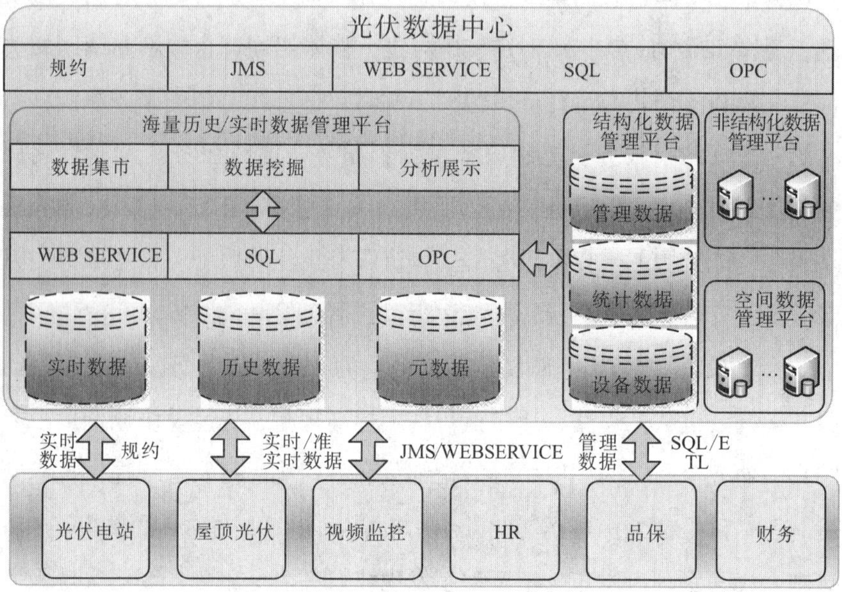

图 4-19　光伏数据中心架构

5）信息分层和责任分区管理技术。系统具有完善的信息分层和集控责任区管理功能，通过修改集控操作员的责任区和权限定义可以方便实现集控人员业务范围的变更。根据系统设置，建立分区，下辖多个分布式光伏发电系统，并管理集群属性、集群范围、集群运行状态。

6）基于 CIM 的图模库一体化和智能建模技术。以图形为先导，实现电力设备的自动化建模和置库。通过绘图的方式在数据库中建立起系统所需的物理模型，其中除了设备本身之外，还包含着设备与设备的电气连接。设备图形完全基于 IEC 61970 CIM 中的有关电气设备包和拓扑图包而设计，大大方便了用户的系统维护。

7）Google Earth 遥感影像技术的应用。Google Earth 采用 3D 地图定位

技术，将地球做成 3D 地球仪形状，用户就像转动手中的地球仪一样，可以很随意地翻转这个球，从任意角度浏览全世界任何一个角落的地图，Google Earth 的诞生给新能源管理系统的 GIS 发展带来巨大的变革。

8）基于总裁选举协议的高可用机制。系统具备总裁选举协议（PEP）的机制，即任意时刻在一组分布式应用中只存在一个主应用，而其他应用为备应用，为 DF8003D 系统各种关键应用可超出两个节点的冗余方式提供了根本保证，并可以在节点配置适当的情况下实现“N+1”功能，为用户实现更高的可用性解决方案提供了技术保证。

DF8003D 系统各项指标如表 4-1 所示。

表 4-1　DF8003D 系统各项指标

内　容		指　标
冗余性	热备切换时间	≤20s
	冷备切换时间	≤5min
可用性	主站系统设备年可用率	≥99.9%
计算机资源负载率	CPU 平均负载率（任意 5min 内）	≤30%
	备用空间（根区）	≥20%（或是 10G）
系统节点分布	可接入工作站数	≥40
	可接入分布式数据采集的片区数	≥6 片区
Ⅰ、Ⅲ区数据同步	信息跨越正向物理隔离时的数据传输时延	<3s
	信息跨越反向物理隔离时的数据传输时延	<20s

DF8003D 既考虑了光伏电站功能特点、显示要求、规范性等的需求，又兼顾了各个不同地区和用户的差异要求，实现了系统要求的技术先进、运行可靠、操作安全、界面友好等目标。系统采用了计算机通信技术、数据库技术、面向对象技术、组件技术、Internet 技术等，遵循 IEC 61970 CIM/CIS、IEC 61968、IEC 61850 等国际

标准和规范。

该主要技术创新点如下：1）完全按照 IEC 61970 CIM 标准建模、遵循 IEC 61968 规范，彻底的跨平台技术，支持从网络底层到上层界面的源代码级的跨平台设计；2）CIM 模型：既可以 SCADA 独立智能建模，也可以和 GIS 共享建模；3）模糊查询：在数据库编辑、设备查找等系统的各个部分，广泛提供模糊查询功能，方便调度值班人员进行快速的查找和定位；4）网络分析和拓扑着色，基于拓扑应用分析，空间地理信息与实时监控信息交互，利用多窗口技术展示交互信息；5）自动成图、大数据响应、多模式、多应用框架，多种应用分析软件；6）故障智能快速定位；7）信息系统集成能力。

（5）案例经济效益和社会效益

DF8003D 系统在陕西榆林、曲麻莱、陕西富平、甘肃武威等现场已经运行。帮助能源企业，提升管理效率和水平，以及提高企业经济效益。通过集中运维及人力资源、工具和备件、资金和技术的合理调配与运用，达到人、财、物的高效运作和资源的优化利用，保障实现光伏、风电、水电站群综合利用效益最大化。

此外，该产品还带动了一大批为产品配套的相关行业，带动就业，提高社会就业率，同时也为公司培养了一大批专业人才，为社会创造更多的财富，促进区域的经济发展。

4.10 北京泰豪智能工程有限公司

4.10.1 企业简介

北京泰豪智能工程有限公司是国内从事智能建筑和建筑节能工程设计、承包、系统集成、技术顾问、咨询等服务的高新技术企业。近年来，公司先后与松下、ABB、国家信息中心、清华大学、中国民航大学、腾讯等多家国内外知名企业及科研院所合作，承接了人民大会堂、故宫博物院、国家博物馆、上海世博中心、国家会议中心、深圳机场T3航站楼等重大工程项目，落地实施了国家节能减排综合示范城市——江西新余城市能源与环境监测平台项目以及“互联网+智慧园区”——贵州贵安新区等多个智慧城市示范性项目。

4.10.2 主要产品及研发能力分析

公司主要业务覆盖智慧城市顶层规划，智慧能源、智慧园区、智慧机场、光伏电站和智慧水务等领域的投资、建设和运营，建筑节能产品的研发生产等，已在全国25个省市设立了分支机构。主要产品包括通用数据采集器、建筑能耗监测系统、可再生能源应用监测系统等。

公司拥有一批在国内智能节能、新能源及互联网、云计算信息领域的专业科研人员，并成立了“智慧城市应用研究”实验室和“能源互联网”实验室，聘请了清华、中科院、北航、华中科技大学等院校的知名教授任实验室项目负责人，主要致力于公共建筑等领域的智慧能源解决方案。

4.10.3 应用案例分析

（1）案例名称

案例名称为：新余市智慧能源管理中心解决方案项目。

（2）案例简介

2014年，新余市全年能耗959.82万tce，比上年增长3.56%，万元生产总值综合能耗1.0696tce，下降4.8%。2011年，新余市被列为财政部和国家发改委节能减排财政政策综合示范城市，享受中央财政政策扶持。之前，对于全市能耗和排放数据的统计，多以各单位人工计量及自主填报的方式进行，缺乏准确的计量和统计分析手段。

该项目采用了物联网、GIS、三维可视化、云计算和大数据分析等技术，并通过与清华大学计算机系合作，建立了技术核心应用“3E”模型。通过物联网技术对重点能耗单位进行科学、全面的数据采集，利用云计算和大数据分析技术对数据进行汇集整理，通过“3E模型”对能源、环境与经济数据进行相关性分析，结合 GIS、3D 技术进行实时、直观的数据展现，结合现代控制和通信技术、数据库技术、系统集成等成熟的技术手段，形成管控一体的智慧能源监管方案。

该项目可实现对城市重点企业的能耗和污染物排放、城市照明能耗、公共建筑的能耗、新能源和可再生能源项目、城市环境数据进行实时监测。可从城市、县区、行业、企业、能耗排污点位进行整体至局部的五级缩放、从宏观至微观自由切换地展示能源排污实时和统计数据，展示能源消耗分布情况、排污与大气污染关系、节能潜力预测、能耗排污趋势预测，可展示能源、排污超标、预警、报警、应急信息和预案。使城市管理者能总览全市能源环境概况，掌握全市节能改造、环境治理、新能源与可再生等项目动态、成果。通过整合气候、经济数据，发现能源、环境变化规律，提供节能减排预测和预警，实现控制城市能耗和污染物排放总量的目标。

项目总体投资规模约 4600 万元，其中，财政资金 3206.34 万元，其余为供应商自筹。该项目暂时通过政府购买服务的方式进行运维，未来将探索通过碳排放权及排污权交易平台及 PPP 模式实现独立运营。通过该项目的实施，预计可实现年节能 3.42 万 tce，年二氧化碳减排 9.04 万 t。

（3）案例架构

该项目系统架构如图 4-20 所示。

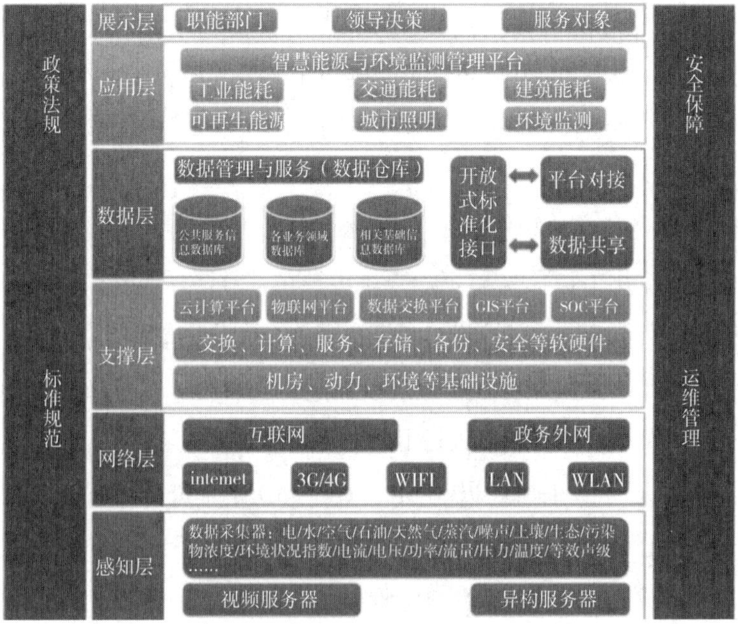

图 4-20　项目系统架构

该项目技术路线（如图 4-21 所示）为：

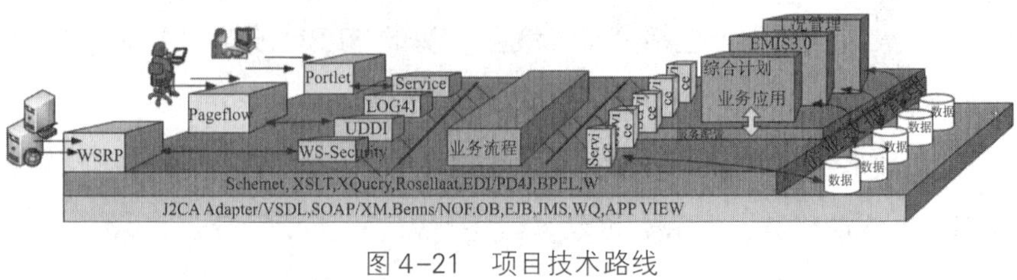

图 4-21　项目技术路线

应用软件采用主流语言、分布式计算技术和多层体系结构进行设计和开发，充分考虑了系统今后纵向和横向的平滑扩张能力。

1）采用分层、模块化思想进行解耦，采用面向服务的 SOA 体系结构、B/S 应用结构、分布式架构；

2）采用 J2EE 技术及 JavaBean、Spring、Hibernate 等框架；

3）采用公共服务组件（Portal、LDAP、CA、GIS、通用报表等）；

4）采用ETL、OLAP、DM、BI等技术，进行数据处理、挖掘和分析。

以元数据驱动为核心，对技术层面和业务层面的元数据进行统一的管理。

（4）案例科学性和创新性

该项目采用了物联网、GIS、三维可视化、云计算和大数据分析等技术，并通过与清华大学计算机系合作，建立了技术核心应用“3E”模型。通过物联网技术对重点能耗单位进行科学、全面的数据采集，利用云计算和大数据分析技术对数据进行汇集整理，通过“3E模型”对能源、环境与经济数据进行相关性分析，结合GIS、3D技术进行实时、直观的数据展现，结合现代控制和通信技术、数据库技术、系统集成等成熟的技术手段，形成管控一体的智慧能源监管方案。具体采用的技术如下。

1）云计算技术：虚拟化技术、分布式数据存储技术、编程模型、大规模数据管理技术、分布式资源管理、信息安全、云计算平台管理技术、绿色节能技术等；

2）大数据技术：包括分布式缓存、基于MPP的分布式数据库、分布式文件系统、各种NoSQL分布式存储方案等；

3）物联网技术：传感器技术、RFID、近距离通信技术、视频分析与识别、智能终端、ZigBee技术等；

4）能耗分析建模：3E模型、城市发展模型等；

5）应用软件开发技术：Java、js、html5、ajax、css、SSH等；

6）数据库技术；

7）数据安全技术；

8）身份认证技术；

9）网络安全技术；

10）数据交换技术；

11）3D 虚拟技术；

12）APP 技术：基于 android、iOS 平台开发采用 Java、Objective 等。

（5）案例经济效益和社会效益

智慧能源监测管理中心通过信息化的手段，利用互联网进行能耗、排污数据收集，相较于传统的人工报表形式，企业方面，无需专人进行能源消耗及排污数据的人工收集统计，节省了工作时间，并省去了上报环节的人力、交通、物流等成本；管理部门方面，提高了数据真实性及准确性，减少了核查、校对环节，节省了人力、交通、差旅等方面的成本，并实现了无纸化办公。

此外，对于城市管理者，制定城市远期能源发展策略，平台能够提供更为精确的区域能源使用状况分析数据，便于其制定近期能源调整策略和远期能源使用规划，为城市经济可持续发展打下基础。

预计节能量及二氧化碳减排量如表 4-2 所示。

表 4-2　节能量及二氧化碳减排量估算表

年份	预计销售额/套	预计总投入/万元	预计年节能量万 tce	预计年二氧化碳减排量/万 t
2016 年	1	3000	3. 42	9. 04
2017 年	5	15000	17. 12	45. 2
2018 年	10	30000	34. 23	90. 4
2019 年	20	60000	68. 47	180. 8
2020 年	40	120000	136. 94	361. 6
合计	76	228000	260. 18	687. 04

注：每年节能量与减排量参照新余案例建成后的标准，预计投入按照全国市场进行测算。

4.11 北京华源泰盟节能设备有限公司

4.11.1 企业简介

北京华源泰盟节能设备有限公司是一家集开发、设计、生产、销售城市能源及供热领域节能设备的国家级高新技术企业，为用户提供工业余热利用与城市集中供热系统全面解决方案，公司拥有一系列集中供热节能减排和天然气高效利用关键技术及解决方案，获得国家发明专利10余项，形成了6大系列专利技术，并在此基础上研发成功6大系列专利产品。此外，公司还承担了科技部及北京市科委“基于热电联产的余热高效回收利用技术合作研究与示范”“喷淋式燃气锅炉烟气余热回收利用一体化”等科研项目。

4.11.2 主要产品及研发能力分析

目前公司有两大核心支撑技术及相应的6大系列核心产品，一项是基于吸收式的热电联产集中供热技术；另一项是烟气余热深度回收技术。其中基于吸收式的热电联产集中供热技术可以提高热电厂的供热能力30%，降低供热能耗40%，提高既有管网的输送能力40%。同时这项技术也荣获了国家科技发明二等奖、2013节能中国十大应用技术等众多重量级奖项，其系统设备——吸收式大温差换热机组也获得了科技部、环保部、商务部、质检总局四大部委联合颁发的国家重点新产品荣誉称号；烟气余热深度回收技术可以将燃气锅炉的排烟温度进一步降低至30℃以下，回收的热量通过热泵机组提升用于加热热网回收，可将天然气的利用率提高10%以上，同时可以降低粉尘及氮氧化物排放，消除冒白烟现象。

4.11.3 应用案例分析

（1）案例名称

案例名称为：山西大同第一热电厂乏汽余热利用示范项目。

（2）案例简介

该工程采用“基于吸收式换热的热电联产集中供热技术”，在大同第一热电厂内增设2台余热回收专用热泵机组，回收电厂汽轮机乏汽余热，对大同煤矿集团棚户区和沉陷区进行供热，同时，在部分换热站安装吸收式大温差换热机组，首站供热能力提高49%，热网供热能力提高38%。改造工程满足同煤“两区”共计638万 m^2 的建筑采暖需求。

（3）案例架构

公司通过在电厂首站设置余热回收机组，回收凝气余热。公司余热回收专用机组是根据每个热电厂的不同参数量身定造的，具有能效比高、占地面积小等众多优点；同时在城市的二级换热站设置大温差吸收式换热机组，替代原有的板式换热器，它可以在保证二次网供热品质不变的前提下，将一次网的回收温度降低至30℃以下。该案例系统架构如图4-22所示。

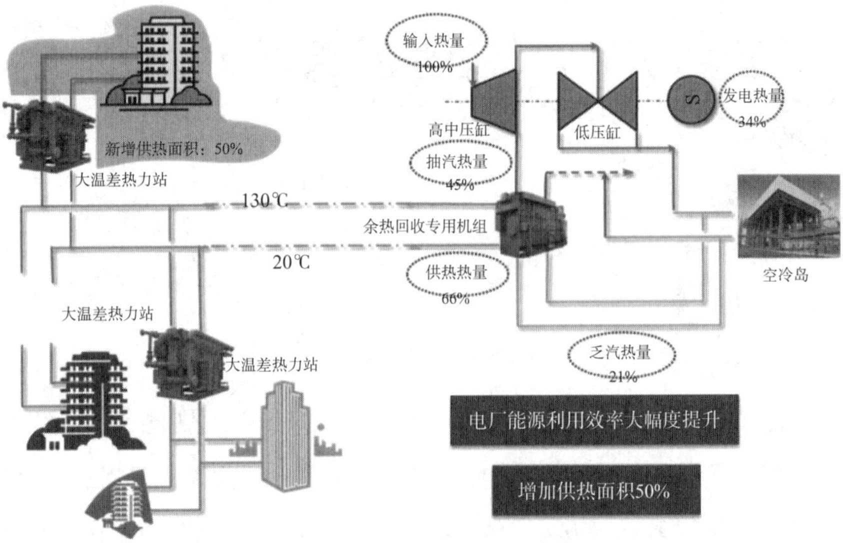

图4-22　案例系统架构

（4）案例科学性和创新性

从图 4-23 可以看出：常规的热电联产集中供热系统输入 100%能量，其中有 34%转化为电能，45%能量通过抽气加热热网回水，还有 21%的凝气余热通过空冷岛或双曲线塔释放到大气环境中，从能量利用角度来讲，高品位的蒸汽用于发电，发电后品位降低的蒸汽用于供热，符合能量梯级利用的原则。但是还有占到采暖抽气 47%的凝气余热白白排放到大气中，造成能源浪费，这种凝气余热对机组发电来说是废热，但对于建筑采暖而言，则是可用的热源，如果能有效地提取并加以利用，一方面可以提高能源的利用效率，降低供热成本；另一方面可以提高热电联产的供热能力，从而解决热电联产集中供热的热源不足问题和输送能力问题。

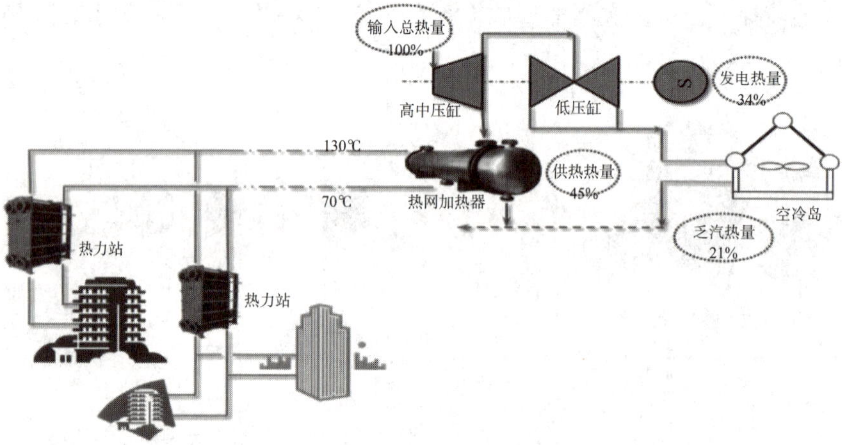

图 4-23　系统能量输入输出示意图

公司实施的“基于吸收式换热的热电联产集中供热技术”已经被列入《国家节能技术推广目录》《“十二五”节能环保产业规划》，并获得 2013 年国家科技发明二等奖、北京市科学技术奖一等奖、节能中国十大应用技术；产品获得中国质量评价协会的科技创新产品优秀奖、科技部国家重点新产品等奖项。

（5）案例经济效益和社会效益

2010年至2013年，华源泰盟在大同安装了近200台吸收式换热机组，完成了100余座换热站的大温差供热改造，对华电大同第一热电厂、大唐国际云冈热电厂等4座电厂实施了余热回收，增大供热面积2428万 m^2，年节约标准煤67.7万t。此外，华源泰盟在北京、天津、山东、内蒙古等地共实施了20余项节能工程，供应设备500余台，节约标准煤约99万t。

目前，国家严格控制区域锅炉房及燃煤电厂的建设，逐步取缔土、小锅炉。然而，随着中国城市化进程的日益加快，城市集中供热需求又迅速增加，供热热源不足以及原有管路的输送能力不足已经成为城市集中供热面临的两大难题。“基于吸收式换热的热电联产集中供热技术”在电厂首站进行余热回收，在城市热力站将一次网的供回水温差拉大，可以解决上述问题。

4.12 中能兴科（北京）节能科技股份有限公司

4.12.1 企业简介

中能兴科是致力于公共建筑节能管理服务的高新技术企业，成立于2009年，注册资本2410万元。公司将节能技术、节能产品、能源互联网研发作为公司经营发展的工作核心。公司与“北京建筑大学”和“中国人民大学”分别成立了节能科技中心和研发中心。公司“智慧能源管家”能效管理系统广泛应用于宾馆、酒店、医院、院校、综合性商业办公等公共建筑。目前，公司管理服务的大型建筑有100多个，建筑面积达1000万 m^2，已为北京地区及全国各地100多家用能单位提供各类合同能源管理服务。

4.12.2 主要产品及研发能力分析

公共建筑智慧节能服务系统——中能兴科智慧能源管家是公司自主研发创新成果，实现了节能管理与公共建筑能源监控软件的结合，具有提供建筑物终端用能设备耗能的具体数据，定量描述建筑能耗的特点，并可给出节能管理的专家建议，帮助客户提高能源管理水平，也为评估建筑节能改造成效提供依据。

该系统采用了以下技术：1）黄金对标：将分类能耗的单位面积能耗值与企业标准、行业标准、国家标准进行对比，帮助用户了解目前的能耗在行业内的位置，让客户了解目前的节能空间；2）B/S 架构实现了便捷的互联网控制：客户端零安装、零维护，操作方便；3）IPv6 与 IEEE 1888：IPv6 扩大了地址空间，提高了网络的整体吞吐量，服务质量、安全性得到改善；IEEE 1888 是基于标准的绿色控制网络协议，实现对大范围社区内的能耗设施进行统一管理、智能控制、达到能耗监测、能耗节约的目的；4）手机端的远程访问：方便用户随时监测用能情况、报警接收等；5）平台的流程图设置模块：结合供暖、制冷、用电照明、节能设备等的流程图监控，可使用能系统的运行参数集中展现在平台上，操作人员可实时观察运行参数，及时做出调整；同时平台总控室可以有管理人员及时监督下达一线人员指令，使系统实现节能运行；6）结合气候补偿、分时分区分温等多项节能技术，采集控制模块上传数据，实现实时监测。

4.12.3 应用案例分析

（1）案例名称

案例名称为：北京友谊宾馆建筑节能领域智慧能源管家解决方案项目。

（2）案例简介

友谊宾馆总建筑面积约40万m^2，北区建筑面积为17万m^2，南区建筑面积为23万m^2。改造实施之前能源费用约为3000万元。友谊宾馆整体能源系统分为供暖、制冷、用电（照明、电梯）、用水（含生活热水）等，原系统没有统一的能效监控平台、供暖无气候补偿、无分时分区、燃气锅炉无余热回收、输配无变频、水力失调严重，蒸汽冷凝水无回收，空调系统变频不用，末端无监控、无管理绩效。

针对上述问题，该项目采用建设能效管理平台，安装7路气候补偿、10套分时分区控制、加装3套变频柜、3套烟气余热回收装置、蒸汽冷凝水回收、水力平衡调节等采用现场一线人员培训、运行项目组督导、集团平台总控三级管控服务模式；通过对不同功能的建筑进行详细的分时分区分温控制，能源系统通过加装气候补偿控制装置根据室外天气情况来调节供回水温度达到室内舒适度要求等多项技术节能，并将热工参数实时监测并上传至智慧能源管家平台。

节能技术与平台的结合运用不仅提高了友谊宾馆的能源管理水平，还解决了以下系统原有问题：1）变配电室能耗数据监测不完整，无法实时获取电能质量情况；2）天然气采用市政供气，天然气能耗统计依靠人工抄表，管理不便；3）室内无环境参数监测，对室内的温湿度等是否满足要求无法评估；4）重要动力设备缺少全电力参数的监测，影响设备安全，无法在上位报警；5）特别是迎宾楼长达7年的局部室温不达标难题。

智慧能源管家系统分为能耗概况、实时监控、能耗分析、管理结点、报警管理、节能优化、流程图控制、系统设置8个功能模块，能源管理平台通过底层数据采集，纳入平台综合分析，通过与节能设备的联合运行实时观测平台上的数据变化，结合三级管控的数据分析，以友好的运行界面、优化精确的控制为核心，以客观实际的能耗为评价指标，达到能源监测与管理功能。

（3）案例架构

智慧能源管家平台功能主要包含实时监测、业务应用和管理支撑 3 个层面。实时监测是对宾馆的各楼总的用能和分项用能进行横向实时监测，在各分项用能进行纵向全流程的监测，保障能源系统可视化和实时化；业务应用层面是对采集的信息根据能源安全、节能挖掘和能源管理 3 个角度进行数据的处理和挖掘；管理支撑层面主要是对业务应用数据进行汇总分析，根据管理的需要进行定制，同时存储到云端并通过移动终端展现给管理人员和技术人员。

平台整体架构（如图 4-24 所示）设计上采用标准的 J2EE 三层架构，展现层采用浏览器方式，业务逻辑在中间层实现，增强了系统灵活性，消除了数据库访问瓶颈，系统整体性能得到提高，安全性、可靠性、可扩展性得到保证。

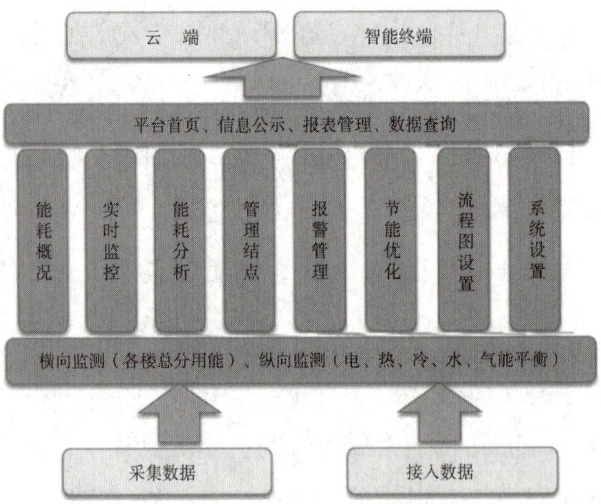

图 4-24　平台整体架构

J2EE标准三层架构：客户端负责展现和用户的交互；业务逻辑全部集中在中间业务层，包括负责处理客户端请求的页面逻辑，以及业务处理、全权审计、工作流程等核心业务逻辑。系统采用面向服务的体系架构（SOA）进行应用开发、系统集成，力求摆脱面向技术的解决方案的束缚，集中精力于构建宾馆节能领域的业务模型，从而提高软件重用、加快应用软件的实施。

（4）案例科学性和创新性

中能兴科智慧能源管家平台设计了能耗概况、实时监测、能耗分析、管理结点、报警管理、流程图设置、系统管理等主要功能模块。并结合气候补偿、分时分区分温等多项节能技术，采集控制模块上传数据，做到实时监测、系统节能，其科学性和创新性体现在：

1）能源系统数据监测采集功能。直观展示系统用能状况，便于制定能源管理目标，实现能源绩效管理。

2）平台的黄金对标功能。可将园区内的建筑进行维护结构及建筑年代区分，结合往年运行记录得出建筑能源消耗指标，为每年能源管理指标的制定提供依据。

3）平台的整体调动功能。平台的流程图设置模块结合供暖、制冷、用电照明、节能设备等的流程图监控，可使在用系统的运行参数集中展现在平台上，让运行人员可实时观察运行参数并及时做出调整；同时，平台总控室有管理人员及时监督下达一线人员指令，使系统实现节能运行。

4）平台的三级管控功能。即平台的运行不仅仅是展示运行数据的窗口，更是运行管理部门实现节能运行的有利工具，一线人员的知识面欠缺，项目部的经验欠缺，使得平台总部的专家智囊团的作用集中显现，即通过专家对系统出现的问题给予意见反馈，一线人员及时动作使用能系统安全稳定节能运行。

（5）案例经济效益和社会效益

北京友谊宾馆经过节能改造并建设能效管理平台做到年节约天然气 908567m^3，折合标准煤 1208t，年节约电力 37.5 万 kW·h，折合标准煤 46t，年节约水 73207t，折合标准煤 6t，共计节约标准煤 1260t，节约费用约 318 万元。

项目不仅产生了巨大的经济效益，更有助于解决行业问题，从现行的国家统计年报体系中，很难得到比较准确的建筑能耗统计数据，致使各级政府行政管理部门在制定节能减排目标，编制相关发展规划、工作计划及政策法规和标准规范时，缺乏有效的建筑能耗数据。该平台可以给出建筑物，特别是宾馆类建筑所消耗终端能源的具体数据，定量描述我国宾馆类建筑能耗的具体特点，为建筑节能工作提供依据。

搭建我国建筑能耗统计平台，并且使其有效运行，是一项有战略意义的基础性工作。我国已把资源节约列入基本国策，建筑节能领域存在很大潜力。

4.13 齐裕阳光新能源股份有限公司

4.13.1 企业简介

齐裕阳光新能源股份有限公司，是国家工商总局于 2014 年 7 月批准的首家太阳能蒸汽企业，原为云南齐裕经济技术发展有限公司，原公司于 1997 年 3 月经云南省工商行政管理局注册成立，注册资金人民币 1.25 亿元。齐裕阳光新能源股份有限公司是一家集研发、生产、销售为一体的专业从事工业级太阳能蒸汽动力系统的科技创新公司。其研发的太阳能真空管蒸汽装置，已列入国家火炬计划项目、国家能源局 2013 年中央财政重大能源专项、节能中国 2013 年优秀节能技术产品。

4.13.2 应用案例分析

（1）案例名称

案例名称为：河南省许昌市金科建筑清运有限公司太阳能蒸汽动力系统改造方案。

（2）案例简介

项目实施前，公司使用 1 台 2t/h 燃煤锅炉，年均能耗费用约 100 万元（燃煤价格 700 元/t，每年需燃煤 1429t），产生的蒸汽供给公司内 18 个养护窑（一般有 6 个在运作）作为混凝土产品养护，窑内恒温 60℃。此外，公司采用间歇式供汽，蒸汽损耗巨大。齐裕阳光对公司现有锅炉进行节能改造，采用太阳能蒸汽动力系统，并与杭州哲达科技股份有限公司互联网控制系统相结合，实现远程操控。

（3）案例架构

该案例基本架构如图 4-25 所示。

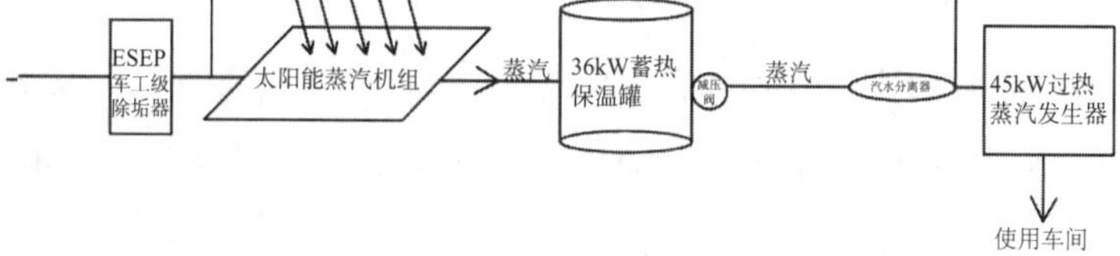

图 4-25 案例基本架构

（4）案例科学性和创新性

公司工业级太阳能蒸汽系统通过与哲达科技的互联网控制系统配套，实现远程操控、即用即开，实践“互联网+”新兴模式。

该技术是用分布式太阳能蒸汽替代燃煤锅炉，以及利用太阳能蒸汽解决民用领域采暖、制冷等问题，不要锅炉房、不用锅炉工、不需长距离铺设蒸汽管道。系统装置不聚焦、不追踪、适应性强，以太阳能真空管集热器为载体，使软化水在系统流动中快速汽液相变，配套天然气节能装置和低谷电蓄热蒸发装置，全天候提供饱和蒸汽或过热蒸汽，实行互联网远程管理。

（5）案例经济效益和社会效益

河南许昌属于太阳能辐射三类地区，全年平均日照时数为 2280h，阴雨天以及夜间用蓄热器内电辅助进行加热，按平均电价 0.52 元/kW · h 计算，一年需花费 7 万元；过热蒸汽加热部分，按 0.72 元/kW · h 计算，需花费 15.6 万元。因此，全年共消耗能源费用约 22.6 万元，与原有能耗费用 100 万元相比，节省 77.4 万元。

此外，项目彻底淘汰了 2t/h 燃煤锅炉，年节约原煤 1429t，合标准煤 978.87t，每年可减排二氧化碳 2241.6t。

4.14 北京天诚同创电气有限公司

4.14.1 企业简介

北京天诚同创电气有限公司成立于 2008 年，注册资金 1 亿元，是新疆金风科技股份有限公司（002202）全资子公司，现有员工 1080 余人，其中有 300 多人的技术研发团队，公司致力于新能源领域电控系统的研发、制造、销售和服务。业务领域包括风力发电、光伏发电、伺服控制、智能电网及智能微网等。

4.14.2 主要产品及研发能力分析

（1）风电电控产品、光伏逆变器

主要产品有 1.5MW、2.5MW、3.0MW、6.0MW 直驱变流器，

1. 5MW、2. 5MW、3. 0MW、6. 0MW 变桨产品，100kW、500kW、1000kW 光伏并网逆变器，低电压穿越设备及风力风电机主控系统、液体冷却系统，这些产品被广泛应用于风力发电站、光伏电站、光伏建筑一体化等。公司自主研发的永磁直驱变流系统成功运行在全国 53 个项目中，并出口至美国、加拿大、埃塞俄比亚、泰国等海外市场。

（2）智能微网产品及整体解决方案

公司为客户提供以智能微网核心产品为主的智慧园区能源互联网项目整体解决方案。

4.14.3 应用案例分析

（1）案例名称

案例名称为：金风园区以智能微网为主的智慧园区能源互联网整体解决方案项目。

（2）案例简介

项目构建了一个包含风力发电、太阳能光伏发电、地热利用、储能系统及微燃机的微网综合示范平台。通过微网能量管理系统对风力发电机、储能装置、太阳能光伏发电、微燃机及负荷进行综合管理和调配，进行智慧综合能效管理。通过微网暂态稳控保护系统（暂态能量管理系统）在微网孤岛方式下实现对光伏、储能、微燃机、负荷等稳定控制，实现高渗透率的孤岛运行。项目是应用 MW 级风机和多种光伏组件类型、多类储能方式实现 10kV 等级自发自用余电上网交易的风、光、储、微燃机及智能负荷集成的示范项目。

项目在结构上分为微网 A 网、微网 B 网、微网 C 网。A 网（2. 5MW 直驱永磁风力发电机组，500kW 光伏系统，2 台 65kW 微型燃气轮机及 100kW×1. 5h 锂离子电池、200kW×4h 全钒液流电池、200kW×10s 超级电容器、500kW 柴油发电机组、负荷、能量管理系统）；B 网

（百千瓦级别微燃机、暂态稳控保护系统、重要负荷）；C 网（71.28kW 薄膜光伏系统、农业负荷等）组成。

项目装机容量 4000kW，年发电量 260 万 kW·h，其中 160 万 kW·h 电园区自用，反送电网电量 100 万 kW·h，可再生能源发电与园区总耗电占比达到 32%，实现移峰填谷电量 21.6 万 kW·h，节电效果显著。

（3）案例架构

项目在结构上分为微网 A 网、微网 B 网、微网 C 网（如图 4-26 所示）。A 网侧重于风、光、储能等多能互补协调运行；B 网侧重于微燃机冷、热、电三联供；C 网侧重于光伏农业负荷一体化。项目实现微网 A 网、B 网、C 网的微网能量流、信息流综合管理，实现区域化微网的群测群控。

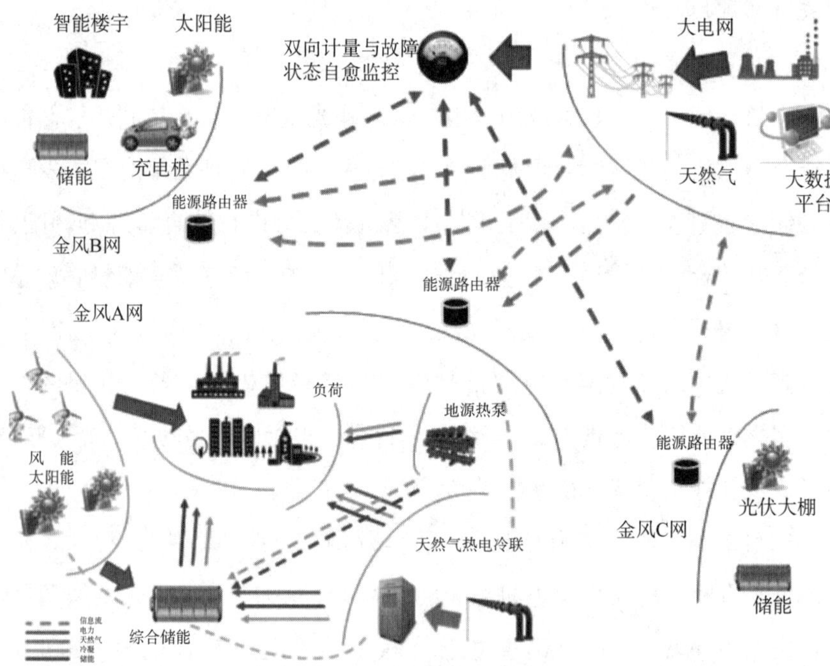

图 4-26 项目整体结构

（4）案例科学性和创新性

项目的科学性和创新性主要体现在以下3个方面：

1）MW级风机、光伏等分布式能源、多储能、微燃机协调运行，实现10kV等级自发自用余电上网交易的风、光、储、微燃机及智能负荷集成；

2）自主开发的孤岛暂态保护控制系统、孤岛EMS系统解决了微网关键技术难题；

3）主导了两项国际标准《微电网控制与运行技术条件》（IEC/TC8/TS 62898-2）、《微电网规划与设计技术导则》（IEC/TC8/TS 62898-1）的制定。

项目研发的关键设备及系统包括：1）微网协同控制装置/系统软硬件；2）微网用储能逆变器；3）柔性负荷控制及诊断评估系统；4）核心能量控制系统开发：实现电、冷、热、气信号采集、通信、综合调配及互联调度；5）能源预测系统开发：包括风、光发电预测和负荷预测，实现能量双向平衡；6）微网暂态保护控制系统及装置：用于平抑大电机启动、新能源波动对电网的扰动，提高用户侧电能质量及供电可靠性，实现新能源高渗透比运行的安全稳定控制系统；7）智能电表。

项目解决了相关领域的技术瓶颈，包括：1）多能源协同优化运行与风险平抑技术——使微网在多种能源协同下高效率运行；2）微网集群智慧互联技术——实现园区内多个微网的能量流与信息流的双向互联；3）基于用户需求侧的发电、冷热储、配电的联合控制技术——实现需求侧智能负荷的监测，及负荷的经济性协调；4）针对电压暂降和短时中断的有源快速切换控制技术——实现微网在遇到故障时对系统运行的快速保护；5）主动配电网的负荷柔性控制技术——保证在负荷的同时，减少设备的投资，实现微电网与配电网的友好协调；6）暂态稳控保护技术——解决了孤岛运行中电压波动的问题，使电压波动率低于IEC国际标准，提升了新能源渗透率，以保证系统长期稳定运行；7）风、光发电预测及负荷需求预测技术——使微电网能够短期、中期和长期稳定经济化运行。

项目突破了多个微网及微网内的多种能源协调应用技术，提高用户侧电能质量及供电可靠性，实现新能源高渗透比运行的安全稳定控制系统，加强用户侧微网与电网之间的友好互动，实现金风园区智慧能源互联网，为在亦庄园区建立能源互联网集群打下基础，进而为我国智慧园区、智慧城市能源互联网的产业化奠定技术、专利和人才等方面的基础。

（5）案例经济效益和社会效益

2014—2015年提供定制化智能微网解决方案4个，微网产品及服务销售收入6000万元，利润1200万元，纳税204万元。

将分布式发电供能系统以微网形式接入大电网并网运行，是发挥分布式发电供能系统效能的有效方式，对传统电网向智能电网过渡，对实现能源互联网起到重要作用。能源互联网将带来更加低碳、便利的生活，使得社会运转更加安全、高效，电能的生产和消费模式也将改变，影响人们的生产生活方式。

同时，发展微网对于缓解环境恶化起到积极作用。经测算，火电厂每发电1kW·h约节约0.4kgce[①]，减排0.997kg二氧化碳、0.03kg二氧化硫以及0.015kg二氧化氮等。示范项目每年发电在260万kW·h以上，则每年将节约1037tce，减排2592t二氧化碳、78t二氧化硫以及39t二氧化氮。

① kgce为千克标准煤的符号。1kgce=29.3076MJ，下同。

4.15 朗德华（北京）云能源科技有限公司

4.15.1 企业简介

朗德华（北京）云能源科技有限公司成立于2009年，是提供政府机关、大型公共建筑、高校、医院、工业企业等能源管控整体解决方案的专业化节能服务高新技术企业，是全国工业领域电力需求侧管理服务推荐机构，拥有双软认定企业和建筑智能化专业资质，拥有自主创新22项国内、国际发明专利。

4.15.2 主要产品及研发能力分析

公司可提供智慧能源、能效电厂、城市电力需求侧、分布式能源、建筑（群落）能源优化等领域信息化管控技术、系统产品和软件平台，满足智慧能源、城市电力需求侧管理、企业能源管控中心的建设需求。并可采用合同能源管理（EPC）和PPP机制开展相关业务，积极投资为政府、用能单位、节能服务公司搭建节能服务产业平台。

4.15.3 应用案例分析

（1）案例名称

案例名称为：民政部节能监管体系建设项目。

（2）案例简介

民政部办公区现有4栋办公楼，于1989年至1993年陆续建成，该办公区总建筑面积32672m^2，供暖面积21383m^2，供冷面积14450m^2。民政部主要使用能源为电、水、天然气和热。

该项目是基于中央国家机关办公区节能监管体系建设项目而建设的民政部办公区节能监管系统，该项目的实施将实现对民政部办公区的电、水、气、热等能源进行分项计量监测，并将计量数据通过网络采集传输至民政部节能监管系统软件平台，该平台将实现能耗数据的统计、对比分析、定额预警等功能，以及集成原有的楼宇自控、冷水机组系统、热力站监控系统等信息，同时该平台将遵照汇总平台要求定时、定期上传能耗数据。该项目的实施不仅为民政部能源管理和节能减排工作提供可靠的数据依据，也为国家机关办公区汇总平台提供真实的数据基础。

民政部节能监管平台结合了《中央国家机关办公区节能监管系统工程技术指南》要求及民政部计量监测需求，对其能源使用进行了分类和分项，其中电的分类包括照明插座用电、空调用电、动力用电和特殊用电；水的分类包括生活用水、采暖空调补水和绿化用水；天然气只供给食堂；热用于采暖和生活热水。

根据上述分项原则，对民政部现场安装远传功能的电表 99 块、水表 23 块、热表 10 块、压力传感器 16 只、温度传感器 25 只、流量传感器 2 只。现场仪表通过数据采集器 CRD8362-E 采集上传至监管平台中，该平台可实现对民政部的能源的数据统计、分析对比、能耗预警等功能，并对现场设备的运行情况进行实时监测。

（3）案例架构

节能监管系统采用 B/S 和 C/S 架构，同时共用一个服务端，达到数据同步效果。整体系统框架分 3 层，如图 4-27 所示。第一层是应用服务器集群层，采用动态负载均衡技术，支持集群部署和性能动态平行扩展，从而使得单个的应用服务器的性能不会成为用户访问的瓶颈，在用户量增多的情况下，可通过水平增加更多的应用服务器来提升整体系统的负载性能。采用 XML 技术进行标准数据通信接口，采用 SOA 体系架构。

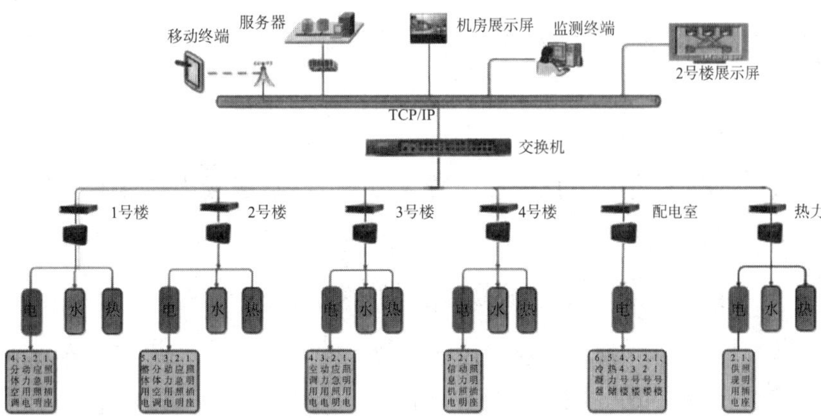

图 4-27　案例系统架构

（4）案例科学性和创新性

该项目中的能源、资源计量配备方案科学合理，根据办公区实际情况实现分类分项计量，完整统计办公区能源资源消耗情况；能耗数据传输方式稳定可靠，具备断点传输、错误诊断等功能。

节能监管平台支持 B/S 架构，可扩展支持 C/S 架构和移动客户端应用，采用可视化、人性化的人机交互界面。系统在设计上立足于用户需求，以数据的平台化、信息的共享化、技术手段的创新性、应用功能的实用性为建设原则。

（5）案例经济效益和社会效益

能源监测是节能的前提和基础，民政部节能监管平台的建设为后期民政部实施节能改造和节能优化提供可靠的依据，为部门考核提供能源指标，提高管理部门的能源管理水平，进而达到节能降耗的目的。此外，该项目还具有办公建筑能源监测的示范作用，推广后可实现广泛的社会效益。

4.16 北京普洛泰克环境工程有限公司

4.16.1 企业简介

公司自2009年创建以来在节能、污水处理、区域内环境治理和智能交通等方面开展相关业务，并与国内外各大知名高等学府、研究机构及大使馆保持着良好的长期战略合作伙伴关系。

公司于2012年成功建设了河北省绿色建筑“秦皇岛开发区数谷大厦”。在维护结构节能保温、排风热回收系统、地源热泵空调系统、室内空气质量检测系统、屋顶采光顶技术、光伏发电系统、势能电梯、地下室自然采光、绿色照明、节水器具、非传统水源利用及智能中控系统12个方面均进行了从设计、施工到运营的一体化实施。

近几年，公司积极拓展工业节能市场，积极引入高新节能技术，顺应国家对智慧能源产业的鼓励，并投入到将传统节能改造与互联网及大数据应用相结合的研究中，成功为多家化工集团实施了工业生产能源管理系统优化、智能用电设备安装和能耗检测项目。现公司已经申请5项发明专利、5项实用新型专利。

4.16.2 应用案例分析

(1) 案例名称

案例名称为：新疆伊犁南岗化工有限公司工业生产领域智能用电解决方案项目。

(2) 案例简介

用能企业为新疆大型化工企业。经营范围以生产销售电石、聚氯乙烯等化工产品为主，且自备热电厂。年产电石10万t左右，近几年接连完成扩大电石生产项目的建设及PVC联合化工项目的建设。

用能情况：年用电量在3亿kW·h以上。第一期：两台25000kVA内燃式炉，每台烟气排放量为60000m^3/h。烟气含量达到14g/m^3，烟气送炉气冷却器，降温后经布袋式除尘器后排放。电石炉烟气除尘前烟尘浓度4500mg/m^3，经除尘后烟尘排放浓度为36.4mg/m^3，除尘后年烟尘排放量为30t；第二期：两台25500kVA内燃式，每台烟气排放量为60000m^3/h，采用一台屋顶静电除尘器同时治理两台电石炉烟气，烟气通过静电除尘后排放。电石炉烟气除尘前烟尘浓度为4375mg/m^3，经除尘后烟尘排放浓度为65.4mg/m^3，除尘后年烟尘排放量为62.8t。

客户原采用人工采集的方式进行电能数据的搜集，存在着数据不准确、不能同时收集所有数据等问题，未能进行有效的能源管理。

针对上述情况，该项目采用“合同能源管理”模式实施对客户的智能电网用户端电力监控系统的建设。通过对客户电能消耗的监测及测算，每年在生产过程中可节省约0.6亿kW·h电，需利用粉末合计约达2.1万t。

(3) 案例架构

该项目为客户提供的智能节能项目方案主要分为以下两项：

1）一般的智能电网用户端电力监控系统，包括计算机管理系统、通信网络、传感（计量）元件采集各种电量数据并通过通信网络传输到计算机管理系统，管理系统将分布采集的数据汇总、分析、报表等，出现故障状况时根据预先设定的条件进行预警、报警甚至自动完成某些操作功能。

2）高级的智能电网用户端电力监控系统，包括智能控制设备、能自动检测电网及用电设备的各种情况并据此对有关负荷进行自动控制，包括对储能设备、可再生能源设备的控制。

项目技术路线为实现以下4个系统功能：

1）主控制系统功能。主系统作为专家决策系统，是一个SCADA软件，将各个子系统的数据接入，并根据各种不同的情况决定各个子系统的控制。

2）配电监控子系统功能。它由多种独立的功能模块组成，包括保护设备定值在线管理、事件报警管理、录波数据管理等。配电监控子系统采集和处理的基本数据：模拟量（遥测）包括功率、电流、电压、变压器温度、系统频率等；数字量（遥测）包括开关位置信号、事故信号、微机保护信号以及设备工作状态等。

3）智能表计子系统功能。智能表计子系统能够海量数据的采集、交换、通信、存储与共享；实现企业用能实时监控、分析和报表系统，故障报警和快速定位；用户端电网谐波检测和分析；能耗监测、分析、评估，能耗分项计算以及碳排放计算；根据电力公司的需量限制对实际用电负荷进行预警和控制。

4）设备监测子系统功能。设备监测子系统既是一个设备监控子系统，又是一个可以自成体系、记录各种能量变化并可实现互动控制的高级用户能耗监测系统。管理中心通过网络连接多个分中心，每个分中心管理连接当地这部分设备，通过能耗管理控制器、电表、智能开关、继电保护装置和各种智能控制器实时采集主要耗能、储能或生产能源设备的信息、对数据进行加工处理，根据能源控制中心下达给分中心的要求，调节每个设备的运行状态，以及能源的消费和生产。

（4）案例科学性和创新性

该项目的关键技术包括以下7个方面：

1）配电系统数字化网络化控制技术。以变电站为基本单元，收录电网重要信息，只有少量信息向网络发送，网络效率高；IP地址管理，各部分设备可以实现区域管理；底层的设备在网络中具有独立的通信功能，上位监控 PC 可以直接远程读取底层设备信息以及事件数据、录波数据等，可远程读取和修改其整定参数等；上位监控 PC 可以远程配置网络中的节电，增加或减少设备节点。

2）网络化可编程控制技术。包括系统的现场总线及工业以太网通信协议规范研究与实现；指令编译器、程序解释运行器、高速总线技术；控制与通信集成技术。

3）数据采集与数据传输通信技术。研究智能电器和智能电表的通信技术不同通信协议之间的数据转换技术，以及有线网与无线网交叉融合技术。

4）用户端海量数据融合及并行计算处理技术。研究海量数据的采集、交换、通信存储与共享机制。

5）工矿企业和商用楼宇节电运营技术。研究能耗检测和分析、评估方法、碳排放参数计算；

6）管理和控制的一体化技术。研究企业用能实时监控、分析和报表系统，具有故障报警和快速定位功能。

7）电能质量测控技术。研究用户端电能谐波检测和分析方法，实现电能质量检测。

公司通过对上述关键技术的合理运行，对南岗化工电石生产的整个过程实现了关键的技术指标：1）预热炉料温度达 500℃以上；2）冶炼周期缩短到 15min 以内；3）每吨电石节电 500kW·h~600kW·h。

普洛泰克能耗管理控制平台系统的创新性体现在其利用对大数据的采集和智能化分析达到为企业节能的目的。其具体表现为：对数据的横向采集，包括对其他装有公司电力监控系统的化工企业（生产电石为主），及纵向采集，包括对南岗化工本身电石生产的全过程监测，以及将横向、纵向得到的数据进行比较和分析。针对南岗化工的实际情况，解决了原有参数表的数据由人工采集，存在数据不准确，不能同时刻收集所有数据，以致不能有效地进行能源管理的问题，从而优化了能源使用效率。

（5）案例经济效益和社会效益

普洛泰克能耗管理控制平台系统不仅可以应用在电石行业，其整体解决方案还可以应用于建筑楼宇、工矿企业、基础设施等领域，具有广泛的复制推广价值。

1）通过对大数据的采集和智能化分析，具体为对用电系统各个系统环节，特别是电石炉这种重点耗能设备用电情况进行实时检测计量、数据采集、汇总分析、纵横比较等，发现电能使用的不合理之处，实现电能的优化利用，降低企业生产过程的电耗，大幅度降低生产成本。

2）通过对生产过程中能耗的监测、分析、评估，达到最优电石冶炼的运行过程，实现冶炼周期的缩短，提高生产率，并增加企业全年电石产量。

3）在实现节电的过程中，发现烟气的余热利用的价值，从而进行烟气中粉尘的回收，提高原料利用率和能源利用率。

4）减少碳排放，清洁劳动环境，达到国家环保排放标准。

5）通过对配电监控子系统采集和处理的基本数据，进行智能化分析和比较，形成最优供电状态，实现预热温度自动控制，确保炉料温度恒定，提高产品质量。

该项目采取合同能源管理的模式，用能企业在“零”投入的情况下，享受到了专业前沿的技术服务，大幅度地节约了冶炼的电耗，很好地降低了企业生产成本，使得用能方与项目实施方均获得了较好的经济效益。此外，在节能减排成效方面，项目实施后，每年可节电 0.6 亿 kW · h，相当于节约标准煤近 74 万 t，减少二氧化碳排放约 6 万 t。

第 5 章　智慧能源产业联盟及相关工作介绍

5.1　中国智慧能源产业技术创新战略联盟

中国智慧能源产业技术创新战略联盟（以下简称“联盟”）由全国节能减排标准化技术联盟与下一代互联网产业联盟等单位共同发起，旨在推进节能环保产业与信息技术产业的融合创新。在质检总局、国家发改委、科技部、工信部等相关政府部门的大力支持下，联盟于 2013 年 11 月 14 日正式成立，目前拥有包括中国标准化研究院、清华大学、中国电信北京研究院、山东省计算中心、普天信息技术研究院有限公司、北京天地互连信息技术有限公司、英特尔（中国）有限公司等在内的 400 多家成员单位。联盟组成见图 5-1。

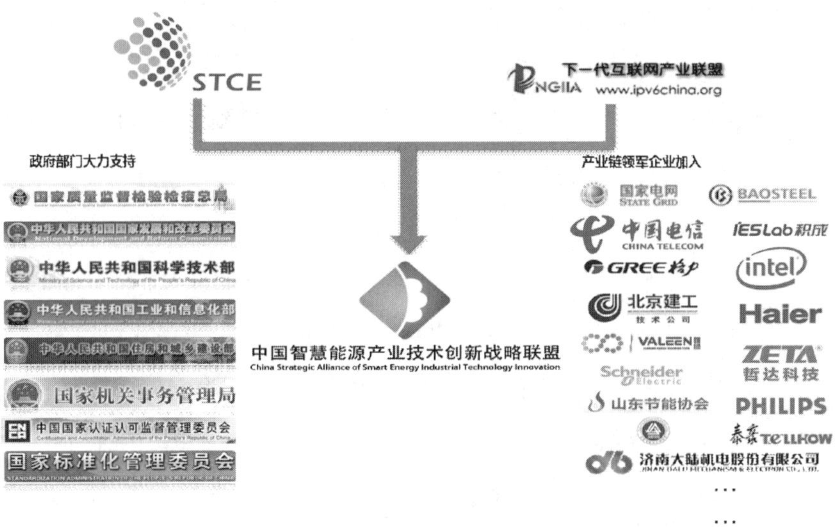

图 5-1　联盟组成

联盟的宗旨是：基于互联网的开放模式，以智慧能源标准为基础，以推动智慧能源产业发展为目标，以能源的高效利用、分布式能源、储能、区域能源管理为主线，以物联网、云计算以及大数据等新一代信息技术为支撑，搭建智慧能源云平台，组织研发智慧能源整体解决方案，开展重大成果转化及试点示范，并联合政、产、学、研各方力量，共同推进智慧能源产业在我国乃至全球的应用推广和发展。

联盟积极开展全国区域联盟和分平台的建设，快速推进联盟工作在全国的开展和部署，落地智慧能源产业，目前已经在山东省、浙江省、福建省、上海市、四川省、重庆市、北京市、广东省、辽宁省、湖北省、贵州省、甘肃省、河北省、大连市、佛山市等地设立智慧能源区域联盟和智慧能源分平台。此外，联盟还设立了工业、建筑、区域、信息服务、智能微电网、智能照明等 21 个领军团队，共同推进智慧能源产业创新发展。

5.2 联盟开展的主要工作

联盟开展的主要工作包括：产业研究、标准研制、平台搭建、云平台及实验室建设、区域试点示范、国际交流合作以及产业基金等（见图 5-2）。

（1）产业研究

联盟组织联盟成员共同开展智慧能源产业调研、梳理分析等研究工作，并合作编写了《智慧能源——产业创新与实践》《IEEE 1888 智慧能源开发指南》《绿色信息技术及绿色城市构建——基于 IEEE 1888 的绿色 ICT 实践》和《中国智慧能源产业发展报告（2014）》。这些书稿首次将能源产业与信息产业作为一个整体联合研究，有利于指导联盟成

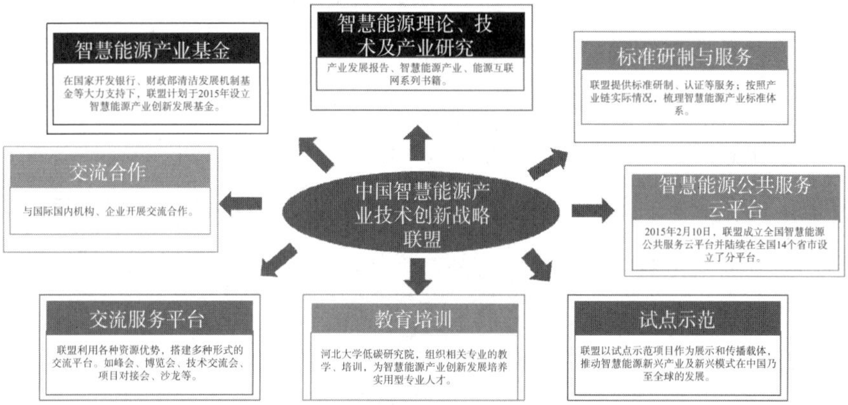

图 5-2　联盟开展的主要工作

员进一步理解智慧能源的概念和智慧能源产业的构成、掌握智慧能源产业链各端的发展现状以及未来智慧能源产业的发展趋势、梳理智慧能源产业发展机会，共同探索、实践智慧能源产业在我国的创新发展及推广应用。

（2）标准研制

联盟组建了“全国智慧能源与能源互联网标准化技术委员会”，并成立了 IEEE 1888、共性技术、智慧能源云服务、智慧能源站、能效评估、智慧供热、智慧照明、智能微电网、智慧社区智能配用电技术等 14 个标准工作组。

联盟组织成员开展智慧能源产业标准体系研究，目前制定了 3 项国际标准——IEEE 1888.1、IEEE 1888.2、IEEE 1888.3，发布实施了 STCE 1008《基于泛在网的智慧能源监测控制共性技术方案应用指南》1 项联盟标准，支持和规范智慧能源产业的有序发展。作为 IEEE 1888 国际标准的转化及延伸，STCE 1008 标准规定了智慧能源监测控制平台的系统架构，有利于指导智慧能源监测控制系统的设计、运营和实施部署，为智慧能源解决方案的研发应用提供技术支持。

2015 年 3 月，IEEE 1888 标准通过 ISO/IEC 的投票，成为全球智慧能源产业首个 ISO/IEC 国际标准，最终发布版本号 ISO/IEC/IEEE 18880。ISO/IEC/IEEE 18880 在中国、日本、越南、泰国、印度等各地完成了多个成功的示范项目及商业化的解决方案。在联盟及联盟成员的共同推动下，ISO/IEC/IEEE 18880 在联盟内部乃至各区域得到广泛应用。

（3）平台搭建

为满足联盟成员的不同需求，强化智慧能源品牌建设，联盟利用各种资源优势，搭建多种形式的交流平台，组织成员线上及线下活动，促进行业间交流，帮助成员推广优秀产品，推动成员间的资源对接。

1）2015 中国能源互联网大会暨智慧能源产业博览会。作为国务院发布"互联网+"行动计划后的第一个智慧能源产业博览会，大会以"互联网+能源，引领智慧能源产业创新"为主题，聚集了大量智慧能源产业链上、中、下游展商，并集中展示智慧能源领域的新技术、新产品和解决方案。大会邀请了《第三次工业革命》作者杰里米·里夫金、德国工业革命 4.0 倡导者韦伯、阿里巴巴集团主席马云等人在内的业内众多专家学者、政府官员、知名企业和专业观众汇聚一堂，聚焦能源互联网和互联网+智慧能源的最新进展，就互联网+智慧能源的发展趋势、关键技术、相关标准、商业模式和应用等内容进行深入交流和探讨，共同分享实践经验和开拓产业商机。

2）2015 智慧能源国际峰会。2015 年 1 月 21 日，联盟主办了第五届智慧能源国际峰会，全球能源互联网、智慧能源领域的众多权威专家和产业代表等 200 多人出席会议。会议以"互联网颠覆能源产业"为主题，探讨在移动互联网、大数据、云计算、物联网和 IPv6 的产业化加速应用，以及能源革命大背景下的互联网如何颠覆能源产业，为智慧能源产业发展过程中的互联网和能源产业融合提供破解之道。

3）2015 中国智慧能源产业十佳实践案例及中国智慧能源产业领军企业评选。活动评选出具有代表性的智慧能源优秀案例，以及在智慧能源产业链不同领域的领军企业，明确了智慧能源重点发展方向。活动有利于进一步加强智慧能源关键技术研发，推动智慧能源解决方案示范应用，以及树立先进典型，共同推进智慧能源产业发展。

4）2015 “互联网+智慧能源” 创新创业大赛。大赛以 “智慧能源，产业创新” 为主题，大赛征集重点方向包括能源信息化、节能和新能源、分布式能源、智慧能源大数据、智能微电网、智慧家居等领域。通过大赛在全社会广泛征集智慧能源创新创业项目，传播 “智慧能源” 产业理念，为全国创新创业人员、企业搭建学习交流的平台，推动智慧能源产业创新发展。

5）智慧能源系列沙龙。联盟通过举办智慧能源产业系列主题沙龙活动，共同探讨智慧能源产业发展现状、关键技术、标准体系、国际标准/联盟标准技术架构和实现方式、各领域解决方案、资金需求以及商业模式等，为联盟成员搭建产业发展交流平台，并通过平台整合各方优势资源，共同开展智慧能源产业创新。

6）多元化媒体宣传。联盟通过网站、微信、《节能减排标准化》期刊、绿之盟智慧能源产业创新云媒体等多元化、多视角的媒体宣传平台，宣传国家相关产业政策、联盟成员相关技术、产品及解决方案等，对智慧能源产业发展情况进行跟踪采访、报道。目前联盟已经发行了 15 期《节能低碳标准化》期刊、搭建了 2 个智慧能源产业联盟网站、1 个活动网站、2 个专业微信公众号和 2 个智慧能源产业联盟微信群。

（4）云平台及实验室建设

1）全国智慧能源公共服务云平台。2015 年 2 月 10 日，联盟发布了“全国智慧能源公共服务云平台”，并在全国 14 个省市设立分平台（见图 5–3）。“全国智慧能源公共服务云平台”对能源生产和能源消费状况实行实时监控、可视化管理、开展数据分析、推行风险管理、健康诊断、促进提高能效、降低排放、低碳化管理等。同时，平台基于 IPv6、SDN、OpenStack、HTML5 等互联网最新技术搭建，打破能源数据壁垒，实现互联互通和信息共享，从而减少数据资源浪费，防止弄虚作假、规避人为干预，通过挖掘真实可靠的能源生产和消费数据，为全国各种能源生产和消费单位，甚至为家庭提供直接服务。

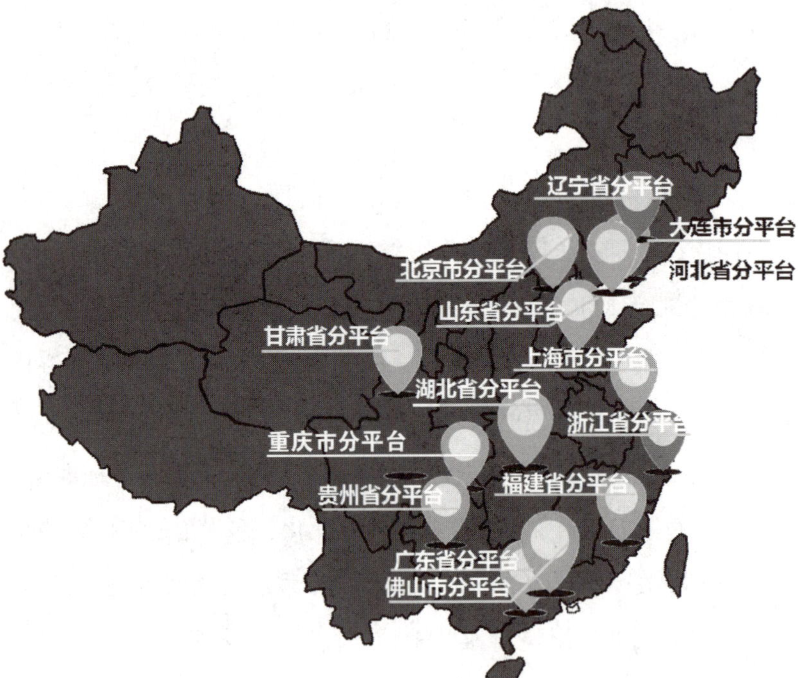

图 5–3　全国智慧能源公共服务云平台

2）智慧能源联合实验室。2015年6月，联盟联合英特尔、天地互连共同建设了智慧能源联合实验室。实验室利用英特尔提供的软件和硬件环境，配合能源网关解决方案和端到端物联网云平台的技术优势，对基于ISO/IEC/IEEE 18880标准的行业技术和解决方案进行整合、展示和推广，同时，也协助产业链合作伙伴前端和后端接入进行方案验证，目标覆盖工业、楼宇等多重能源关键领域。实验室还将积极推动智慧能源关键产品的产业化发展，通过验证服务，为用户单位提供底层数据采集和存储方案，用户选择并安装经过实验室验证通过的计量表计及传感器、网关设备，即可直接从全国智慧能源公共服务云平台读取能耗及传感数据，快速实施能耗监测解决方案。

（5）区域试点示范

1）京津冀地区协同发展。2015年3月，联盟组织联合专家工作组赴保定调研，并在总结分析的基础上形成了《保定市大气污染防治建议书》（以下简称《建议书》）。《建议书》从保定市概况、大气污染防治状况分析与主要控制手段、供热现状、保定市供暖能力分析、保定市2015年度部分减排计划、实现2015年度减排计划可行方案建议、其他可替代燃煤及新燃煤供热方案、联盟可为保定市大气污染防治具体实施项目及说明等8个方面入手，为保定市大气污染防治工作提供专家意见。《建议书》获得了保定市发改委等部门的认可，并联合联盟共同举办重点节能减排项目对接交流会，领域包括城市供热、余热余压回收利用、中央空调系统改造、脱硫脱硝、高压变频、照明改造以及能源管理系统等。

2015年6月，联盟组织联盟企业、专家与秦皇岛相关行业和企业的需求进行了深入的交流与对接。并与秦皇岛市人民政府签订了3年战略合作协议，双方将重点在区域联盟建设、分平台承建、能源交易系统建设、智慧能源产业园建设、示范项目以及宣传推广等方面开展交流合作，共同推动智慧能源产业发展、技术创新和项目落地。

2）全国智慧能源公共服务云平台区域分平台建设。2015 年 2 月 10 日，在质检总局、工信部、国家应对气候变化中心、国家开发银行、光华科技基金会、国家信息安全认证中心、中国质量认证中心等机构的支持下，全国智慧能源公共服务云平台正式启动，平台以 ISO/IEC/IEEE 18880 国际标准为基础，构建基于互联网基础架构的能源管理模式，旨在通过整合全国能源数据（已与全国 21 家分平台签约），组织公共资源，提供数据存储、实时监测、可视化、数据分析、风险控制、能效管理等服务。

2015 年，在山东省政府节能办和联盟的指导和支持下，山东联盟、山东节能协会、积成电子股份有限公司联合相关企业共同发布了山东省智慧能源公共服务云平台，云平台顺利实现了 IEC/IEEE 18880 协议的介入，支持 IPv6 海量终端的接入。在云平台的试运行阶段，已经有 35 家单位的约 3 万点的能源监测点数据汇聚到云端上，涉及行业城市燃气、城镇供水、城市热力等领域，目前正逐步扩展到分布式光伏电站、高压变频器机组、建筑机械、电梯、锅炉等其他领域。

2015 年 3 月，全国智慧能源公共服务云平台——福建省平台，海西智慧能源云平台在厦门启动。由中国智慧能源产业技术创新战略联盟、厦门大学能源学院、能谱网等 5 家单位联合发起成立的“海西智慧能源云平台”，是在能源革命和产业互联网大背景下，互联网技术与能源技术在能源产业发展过程中的融合。通过能源大数据的建设与管理，平台式的能源产业架构，发挥海西能源人才的培养机制，开启了海西经济圈能源互联网的新时代。

其他省市的智慧能源分平台，包括大连分平台、贵州分平台、重庆分平台等也将陆续发布上线。

(6) 国际交流合作

联盟与联合国机构、驻华使馆、国外政府部门、国际组织、跨国企业等机构，在智慧能源相关领域共同开展项目开发、国际论坛研讨、能力建设和宣传推广等方面的合作。现已与联合国工业发展组织（UNIDO）、世界银行（WB）、世界资源研究所（WRI）、美国能源基金会（EF）、日本WIDE、韩国未来林、韩国环境技术研究院等国际组织，Intel、苏伊士、施耐德、霍尼韦尔、DDJ Consulting、德国杜塞尔多夫等企业，以及荷兰、瑞典、芬兰等国的国际机构相继建立了密切的合作关系。目前，联盟及联盟成员承担了多项国际机构的合作项目，涉及智慧能源产业研究、IEEE 1888国际标准、智慧能源网关、云平台、实验室、传感器、节能技术产品等智慧能源相关领域的各项内容，充分利用国际资源推动我国智慧能源产业发展。

(7) 智慧能源产业基金

智慧能源产业基金由政府、联盟成员和社会资本组成，重点在于培育智慧能源领域的新技术、新产品和解决方案的快速推广应用，孵化新兴企业，以智慧能源产业链为纽带，贯穿产业链的上下游，促进产业快速发展。智慧能源产业链应包含能源技术产品及设备、信息技术产品及设备、智慧能源解决方案、测试与验证服务、大数据服务与运营以及智慧能源节能服务等组成部分。其中信息技术产品及设备包含了芯片、传感器、网关、存储器、服务器以及应用软件等；能源技术产品及设备包含了能源生产、存储、输送以及使用技术方面的产品及设备；智慧能源解决方案包含了区域、建筑、工业、数据中心等应用领域的解决方案；测试与验证服务包含了能源技术以及信息技术的测试验证；大数据服务与运营包含了大数据的采集、预处理、存储、分析与挖掘以及展现应用；智慧能源节能服务包含了合同能源管理、节能减排成效评价以及智慧能源公共平台服务等。

参考文献

［1］中国国际经济交流中心课题组．中国能源生产与消费革命［M］．社会科学文献出版社，2014.

［2］国家能源局．2020 年非化石能源比重达到 15%的实现路径分析. http：//www. nea. gov. cn/2012-02/10/c_ 131402482. htm. 2012-02-10.

［3］柴麒敏．财新网．2030 年中国碳排放峰值目标如何实现. http：//opinion. caixin. com/2014-12-12/100762261_ all. html. 2014-12-12.

［4］王怡然．南方网．电力需求响应那些事儿你知道多少？http：//energy. southcn. com/e/2015-08/31/content_ 131897598. htm. 2015-08-31.

［5］国家能源网．电力需求侧响应国内外市场情况知多少. http：//www. ocpe. com. cn/show-14721-lists-10. html. 2015-09-18.

［6］东方财富网．储能行业前景广阔．http：//finance. eastmoney. com/news/1348，20150317486936334. html. 2015-03-17.

［7］刘坚，胡泽春．电动汽车作为电力系统储能应用潜力［J］．中国能源，2013，35，（17）．

［8］陈海生．工程热物理纵横．国际电力储能技术与产业现状. http：//www. etp. ac. cn/hdzt/135zl/ghssdt/dgmkqcnjs/201206/t20120629_ 3606977. html. 2012-06-29.

［9］中国电力新闻网．华能实现供电煤耗 310 克/千瓦时装机世界第一. http：//cache. baiducontent. com/c？ m=9d78d513d9c343ac5ffa950e1a67d1716e2797624cc0a01e68a7985fe3634c364271e2cb30531113a3b66b1772b8385afdf14665410337c198df893acacb943f58fc3044770bf63705d

269aec84432c050872a9db86897adf04384dfd7c4ac5144bb25120cf4e78a2a1765b978801725a4e6c7474f1956f8fa3116e244326cda3440c116bbbc6e7907f6a780035bc35d813d0cdff97ef52312b710a31d1b3902a04eb20f532632e058208b41370697e15ff02a0e1a65e916&p=c378835f85cc43be08e2957c160d&newp=82769a47ce985dfb08e2957c134292695803ed693bdcc84e6380&user=baidu&fm=sc&query=2015%C4%EA%B9%A9%B5%E7%C3%BA%BA%C4%D2%D1%B4%EF%B5%BD310%BF%CB/%C7%A7%CD%DF%CA%B1&qid=a7f1222f00008d6c&p1=2. 2015. 02. 02.

[10] 赵云峰．中国能源网．工信部：能源消费革命大背景下，电力需求侧管理亟待掘金．http：//cache. baiducontent. com/c？ m=9d78d513d9c343ac5afa950e1a67d1716e2797634dc0a61168a2915fe36f4c353471e2cb30531113a3b16b6671b83958fd813c65367337c79cdfff4fcabae23f5f8e3044760bf04705a468b8ca3632b127872befb81897ad803984ddd4c4a95444ba54127bf0e7fd5c1760ce7880652695a78e49654866befa4062e858073eee5457c534eee14269108181db5b5bc25ac7171780dc46a73e63a262a5086a2653d047a67c223131905851f9534b7785ea2de7287a4234b738a4c8c7a19c3b9bdd9a26e9fbdcdf5b826196d29afd66337a45fb55a9dbbaa54a615203a9ddae10d342baed9abc5b9e65c0112cad2d71381ac87fd3c2d158a8241cb6f0698d343f636d4fc8b303ae2f2b3362af690fb1689128ee932a1c99ab80d4c85004b899b3797cfea8b945a06d7820fb27354c8aa808&p=9b769a4790d059be4bbd9b7e0e119e&newp=ce769a479d8c0bdd06bd9b7e0e1195231610db2151d7d75e309ee116&user=baidu&fm=sc&query=2010%C4%EA%2C%D6%D0%B9%FA%C3%BF%B6%C8%B5%E7%B4%B4%D4%EC%B5%C4%B9%A4%D2%B5%D4%

F6%BC%D3%D6%B5%CE%AA5%2E45%D4%AA%2C%C3%C0%B9%FA%D4%DA2010%C4%EA%C3%BF%B6%C8%B5%E7%B4%B4%D4%EC%B5%C4%B9%A4%D2%B5%D4%F6%BC%D3%D6%B5%BE%CD%B4%EF%B5%BD%D4%BC17%D4%AA%2C%CA%C7%CE%D2%&qid=8866ccf5000088fa&p1=1. 2014-12-19.

[11] 中国新闻网．中国新能源汽车保有量超 12 万辆．http://www.chinanews.com/gn/2015/03-11/7121362.shtml. 2015-03-11.

[12] 新华网．智慧能源是什么？．http://news.xinhuanet.com/info/2013-10/02/c_132768454.htm. 2013-10-02.

[13] 物联网在线．英特尔智慧能源管理：从云到端，方可实现. http://www.iot-online.com/xingyeyingyong/si/2015/0106/25816.html. 2015-01-06.

[14] 新华网．刘振亚：全球能源互联网会很曲折，但充满期待. http://news.xinhuanet.com/energy/2015-02/05/c_1114255428.htm. 2015-02-05.

[15] 中国产经新闻报．智慧能源引发的中国“产业革命”. http://www.sdeex.com/Infoservice/Info.aspx?id=21233. 2015-06-11.

[16] 中国产经新闻报．一场智慧能源引发的中国“产业革命”. http://news.bjx.com.cn/html/20150611/629211.shtml. 2015-06-11.

[17] 国务院．国务院关于积极推进“互联网+”行动的指导意见. 2015-07-04.

[18] SOLARZOOM 光伏亿家．“互联网+新能源金融创新模式大会”专题报道之曹寅：互联网+智慧能源的无限潜力．http://www.solarzoom.com/article-69890-1.html. 2015-07-13.

[19] 中国金融信息网．互联网+智慧能源引领能源革命．http://

app. xinhua08. com/print. php? contentid = 1528145. 2015-07-21.

[20] 新浪财经．王忠敏：什么是智慧能源的最大追求．http：//finance. sina. com. cn/energy/authoritativeview/20150806/104722893082. shtml. 2015-08-06.

[21] Martin Hauske. IBM. 智慧城市，智慧能源．http：//wenku. it168. com/d_ 000090667. shtml. 最后登录日期：2015-08-02.

[22] ANEC. SMART ENERGY SYSTEMS FOR EMPOWERED CONSUMERS. 2010. https：//www. google. com. hk/url? sa = t&rct = j&q = &esrc = s&source = web&cd = 2&ved = 0CCEQFjABahUKEwjG6qOZopLIAhVqlHIKHeDLA1w&url = http% 3a% 2f% 2fwww% 2eanec% 2eorg% 2fattachments%2fANEC - PT - 2010 - AHSMG - 005final% 2epdf&usg = AFQjCNGczu MjZRbCj9XAakJZU4gAhO05RQ. 最后登录日期：2015-08-15.

[23] GERMANY TRADE&INVEST. http：//www. gtai. de/GTAI/Navigation/EN/invest. html. 最后登录日期：2015-09-21.

[24] Technology Association of Georgia. http：//www. tagonline. org/chapters-and-societies/smart-energy/. 最后登录日期：2015-09-21.

[25] 赵俊华．南方能源观察．赵俊华：能源互联网的起源与若干思考．http：//www. aiweibang. com/yuedu/27845789. html. 2015-05-26.

[26] 董朝阳，赵俊华，福拴，等．从智能电网到能源互联网：基本概念与研究框架［J］．电力系统自动化，2014，15：1 - 11. DOI：doi：10. 7500/AEPS20140613007.

[27] 中国企业报．能源互联网方兴未艾．http：//epaper. zqcn. com. cn/news-24799. html. 2015-03-17.

[28] 韩晓平．中国能源网．互联网 + 与能源互联网．http：//

www. china5e. com/news/news-902467-1. html. 2015-04-09.

[29] 中国证券网．国家能源互联网全面提速 10 股即将爆发. http：//finance. ifeng. com/a/20150513/13702570_ 0. shtml. 2015-05-13.

[30] 第一财经日报．能源互联网行动计划将近期完成多类企业蜂拥而至．http：//www. askci. com/news/chanye/2015/06/02/92755hknh. shtml. 2015/6/2.

[31] 张旭东．第一财经日报．能源互联网行动计划在加速各方争抢话语权．http：//www. chinasmartgrid. com. cn/news/20150602/605469. shtml. 2015/6/2.

[32] 曾鸣．中国电力企业管理．曾鸣解读：能源互联网与售电市场放开有什么关系？http：//news. bjx. com. cn/html/20150706/638340. shtml. 2015/7/6.

[33] 淘豆网. EMS 主力钢铁企业节能进入快速增长期. http：//www. taodocs. com/p-17539214. html.

[34] 一览文库. 钢铁企业能源管理中心建设实施方案. http：//wk. yl1001. com/doc_ 8741367569803856_ all. htm.

[35] 杰瑞米·里夫金. 第三次工业革命［M］. 北京：中信出版社. 2012.

[36] 中关村国标节能低碳技术研究院，河北大学低碳研究院. 中国智慧能源产业发展报告（2014）［M］. 中国质检出版社，2014.

[37] 国内外智能电网发展情况对比分析. 国家电网能源研究院. 2011 年，取自 http：//www. docin. com/p-487735247. html.

[38] US Demand Response Coordinating Committee. Demand response and smart metering policy actions since the energy policy act of 2005：a

summary for state officials [J]. The National Council on Electricity Policy, 2008.

[39] 美国能源信息署. 智能电网概述. 取自 http://www. eia. gov/analysis/studies/electricity/.

[40] 日本经济贸易产业省. 环境能源政策名录. 取自 http://www. meti. go. jp/english/policy/energy _ environment/smart _ community/index. html.

[41] 日本经济贸易产业省，政策名录，取自 http://www. meti. go. jp/english/press/data/20100811_ 01. html.

[42] 欧盟能源政策名录. 欧盟“智慧能源——欧洲”方案. 取自 http://www. energypolicyblog. com/2009/03/16/towards-a-smart-european-energy-policy/.

[43] 欧盟. 欧盟 ICT 政策. 取自 http://ec. europa. eu/digital-agenda/en/news/smart-ict-energy-efficiency. 2012. 5. 23 .

[44] 欧盟. 欧盟智能电网计划. 取自 http://ec. europa. eu/energy/en/topics/markets-and-consumers/smart-grids-and-meters.

[45] 欧盟. 欧盟电气一体化策略. 取自 http://ec. europa. eu/digital-agenda/en/news/single-market-gas-electricity-%E2%80%A2-smart-grids-task-force-%E2%80%A2-synergies-telcos-utilities.

[46] 美国能源部，电力需求侧响应. http://energy. gov/oe/technology-development/smart-grid/demand-response.

[47] 张沛，房艳焱. 美国电力需求响应概述 [J]. 电力需求侧管理，2012，4：1-6.

[48] 阮文骏，刘莎，李扬. 美国需求响应综述 [J]. 电力需求侧管理，2013，2：61-64.

[49] 赵金洋，张永良，李清峰，韩飞舟，吴长中. 促进万家企业节能低碳行动建立能源管理体系和能源管理中心［J］. 资源节约与环保，2013，9：3-5.

[50] GB/T 23331-2009，能源管理体系要求［S］.

[51] 工业和信息化部. 石油和化工企业能源管理中心建设实施方案，2012.

[52] 北京市发展和改革委员会，北京市质量技术监督局，北京市财政局. 关于推进在京万家企业和市级考核重点用能单位能源管理体系和碳排放管理体系建设工作的通知. 2014. 10. 15. 取自 http：//www. bjpc. gov. cn/tztg/201410/t8342804. htm.

[53] 广东韶关钢铁. 官方网站年报，http：//www. sgss. com. cn/list. jsp？urltype=tree. TreeTempUrl&wbtreeid=11119.

[54] 能源体系管理网. 韶钢能源管理系统上线试运行. http：//www. iso50001. com. cn/html/2013/company _ 1206/684. html，2013. 12. 6.

[55] 百度文库，韶钢能源管理系统课件，http：//wenku. baidu. com/link？url = HwzC9SAg2FBLmMCVfeQbK0I1F7 - tC6VrBZwppbBsknoW33VCcTSfflw4MYenc0QmdM3LUwQOidLvib7x21zA3QnxS8RrSIEY - -eB8Pt7u Wa.

[56] 李振，杜斌，彭林，孙鹏程. 山西省污染源自动监控系统的设计与实现［J］. 中国环境监测. 2012，3：130-135.

[57] 胡立元. 污染源自动监控系统建设与应用体验［J］. 北方环境，2011，Z1：106-107.

[58] 山西省环境保护厅. 关于对全省重点污染源自动监控系统管理实施优化整合的通知 http：//www. jchb. gov. cn/tzgg/1853. jhtml.

2013. 8. 23 .

[59] 环境保护部污染源监控中心官网，http：//www. envsc. cn/.

[60] 曹敏. 工业领域电力需求侧管理推进情况［J］. 中国经贸导刊，2013，18：26-27.

[61] 中国仪表网. 行业聚焦点. http：//www. ybzhan. cn/news/detail/45899. html，2015-01-07.

[62] 刘丽荣，刘婵，李欣原. 低碳工业园区规划的碳排放计量分析系统构建［J］. 桂林理工大学学报，2013，1：69-73.

[63] 工信部，发改委. 国家低碳工业园区试点工作方案. 2013-09-29.

[64] 国家发展改革委. 低碳社区试点建设指南. 2015-02.

[65] 刘建珍. 力促节能减排践行绿色发展——访江西新余市节能减排财政政策综合示范领导小组办公室主任高剑［J］. 环境保护，2012，10：55-57.

[66] 郭骊，周响华，陈少强. 国家节能减排能力建设机制创新——以财政政策示范平台为抓手［J］. 地方财政研究，2012，11：42-47.

[67] 新余建设招标投标网公开信息 http：//www. xyjszbtb. com/index. asp.

[68] 新余市政府信息公开. 关于加快推进智慧新余建设的意见（余发［2012］31 号），http：//xxgk. xinyu. gov. cn/szf/xxgkxgzcfg/201210/t20121014_ 93018. html，2012-10-14.

[69] 中国电力新闻网. 北京建电力需求侧管理长效机制. http：//www. cpnn. com. cn/sd/gn/201406/t20140611_ 683860. html，2014-06-11.

[70] 佛山市电力需求侧管理城市综合试点工作领导小组办公室. 佛山市电力自动需求响应试点项目实施工作方案（2014-2015 年）.

http：//www. nandudu. com/article/15280，2015-01-14.

［71］石家庄节能减排财政政策综合示范城市官网. http：//zhsfb. sjzjnw. com/.

［72］李丽. 两部委发布《关于完善电力应急机制做好电力需求侧管理城市综合试点工作的通知》［J］. 电力需求侧管理，2015，3：45.

［73］周伏秋，夏鑫. 电力需求侧管理城市综合试点工作重点与财政激励政策［J］. 电力需求侧管理，2012，5：1-3.

［74］发展改革委，工业和信息化部，科学技术部，公安部，财政部，国土资源部，住房城乡建设部，交通运输部. 关于印发促进智慧城市健康发展的指导意见的通知［J］. 中华人民共和国国务院公报，2015，2：61-66.

［75］人民网. 住建部公布第一批共 90 个国家智慧城市试点名单. http：//www. xj. xinhuanet. com/2013-01/29/c_ 114543432. htm.

［76］住建部. 国家智慧城市第三批试点名单. 取自 http：//www. cnnsr. com. cn/cszx/html/2015041310351597291. html.

［77］郭慧鹏. 智慧城市试点开启国家发展新动力［J］. 中国电信业，2013，4：68-70.

［78］工业和信息化部关于进一步加强工业节能工作的意见［J］. 石油和化工节能，2012，5：1-2.

［79］工信部.《信息化和工业化深度融合专项行动计划（2013-2018年）》（工信部信〔2013〕317 号）http：//www. miit. gov. cn/n11293472/n11293832/n12843926/n13917012/15989365. html.

［80］工信部. 2014 年信息化和工业化融合管理体系贯标工作方案，2014-05-04.

［81］陕西省工业和信息化厅. 2013 年两化融合专项资金项目计划公示.

http：//news. xatrm. com/gov/announc/sxsgyxxhttz/D412CC683929063EE040007F0100165D. html，2013-01-25.

[82] 苏州节能服务系统. http：//www. szjnjn. com/index. jspx.

[83] 燕冰. 苏州“能源数字地图”很能干 [N]. 江苏经济报，2010-12-07A03.

[84] 江苏省统计局. 苏州统计局参与市“能源数字地图”研发. http：//www. jssb. gov. cn/jstj/dtyq/sxtjdt/201104/t20110426_115172. htm，2011-04-22.

[85] 发改委，工信部. 物联网专项行动计划. 2013-10.

[86] 河南省电力公司. 国家智能电网管理物联网应用示范工程通过验收. http：//hn. ifeng. com/hnzhuanti/henandianli/yaowen/detail_2015_07/30/4170006_0. shtml，2015-07-30.

[87] 新华网电力频道. 生活中的用电大数据以用电信息采集为例. http：//news. xinhuanet. com/power/dlcj/2014-05/22/c_1110810265. htm，2014-05-22.

[88] 中国储能网新闻中心. 浙江鹿西岛风光储并网型微网系统投运. http：//www. escn. com. cn/news/show-109976. html，2014-02-18.

[89] 国务院. 中国制造2025，2015.

[90] 工业和信息化部办公厅，财政部办公厅，关于组织开展2015年工业转型升级强基工程的通知. http：//www. miit. gov. cn/n11293472/n11294974/n11296767/16592496. html，2015-05-18.

[91] 国务院关于积极推进“互联网+”行动的指导意见 [J]. 中华人民共和国国务院公报，2015，20：11-23.

[92] 于欢，曾鸣教授、周孝信院士对谈：明确能源互联网定义等若干问题. 中国能源报. 取自 http：//news. bjx. com. cn/html/

20150728/646531. shtml.

[93] 张琴. 建峰化肥公司近几年节能技改综述 [J]. 石油和化工节能, 2007, 3: 30-31.

[94] 李乃湖, 倪以信, 孙舒捷, 等. 智能电网及其关键技术综述 [J]. 南方电网技术, 2010, 03 期: 1-7. DOI: doi: 10. 3969/j. issn. 1674-0629. 2010. 03. 001.

[95] 龙戎. 智能家庭网关发展趋势研究 [J]. 电信网技术, 2014, 9.

[96] 黄海昆, 邓佳佳. 物联网网关技术与应用 [J]. 电信科学, 2010, 4: 20-24. DOI: doi: 10. 3969/j. issn. 1000-0801. 2010. 04. 005.

[97] 续振艳, 郭汉丁, 任邵明. 国内外合同能源管理理论与实践研究综述 [J]. 建筑经济, 2008, 12: 100-103.

[98] 钟庆, 吴捷, 张庆云. 需求侧管理技术应用综述 [J]. 广东电力, 2002, 15: 21 - 25. DOI: doi: 10. 3969/j. issn. 1007 - 290X. 2002. 01. 006.

[99] 王凯明. 智能家居系统的研究 [D]. 西安科技大学, 2005.

[100] 莫尚林, 章建明, 周鑫志, 等. 我国智能电网发展综述 [J]. 今日财富: 金融发展与监管, 2011: 161-161.

[101] 童晓渝, 房秉毅, 张云勇. 物联网智能家居发展分析 [J]. 移动通信, 2010, 34: 16 - 20. DOI: doi: 10. 3969/j. issn. 1006 - 1010. 2010. 09. 003.

[102] 李建锋, 郝继红. 我国火电机组节能技改与 CDM 项目 [J]. 中国电力, 2010.

[103] 罗乃昙. 浅谈锅炉节能技改与管理 [J]. 科学与财富, 2014, 4: 379 - 379. DOI: doi: 10. 3969/j. issn. 1671 - 2226. 2014. 04. 349.

[104] 中国电子报，电子信息产业网，大数据的四个典型特征，http：//cyyw. cena. com. cn/a/2012－12－04/135458292978407. shtml，2012-12-04.

[105] 吴超龙. 在线云存储系统的设计与应用 [D]. 华南理工大学，2010.

[106] 云计算的概念和内涵，http：//www. chinacloud. cn/show. aspx?id=14668&cid=17，2014-02-24.

[107] 冯莽，我国化肥生产耗能及消费之现状分析，http：//www. whecs. gov. cn/xwzx_ detail/newsId=70. html，2013-10-28.

[108] 中电新闻网，分布式光伏发电并网有关问题的调研及对策建议，http：//www. cpnn. com. cn/zdyw/201307/t20130731 _ 597379. html，2013-07 -31.

[109] 百度百科，分布式风力发电，http：//baike. baidu. com/link?url = RoHv _ dV _ OcvulWb0Ogy - eefD6TzUmaV0 - Z8dqyZoNSUvFr8KgH87Kn6Budn7Bdl8wLZLUM1QSb3C4t8zzuS4Hq.

[110] 百度百科，分布式光伏发电，http：//baike. baidu. com/view/10091262. htm.

[111] 熊超，程小矛. 分布式能源梯级利用-钢铁工业“十二五”节能的重要方向 [C] // 第八届（2011）中国钢铁年会 2011：25-27.

[112] 曹俊水. 多能流下生产成本实时控制管理的设计和实施 [J]. 冶金动力，2013，06 期：34-38. DOI：doi：10. 3969/j. issn. 1006-6764. 2013. 06. 013.

[113] 郑美玲，王文. 应用夹点技术优化多能流企业的能源利用 [J]. 节能技术，2010，1：81-86. DOI：doi：10. 3969/j. issn. 1002-6339. 2010. 01. 021.